AF495422

DES

INSTITUTIONS REPRÉSENTATIVES

ET DES

GARANTIES DE LA LIBERTÉ

PAR

M. CUCHEVAL-CLARIGNY

Ancien Directeur politique du *Constitutionnel* et de *la Presse*

PARIS

IMPRIMERIE ET LIBRAIRIE JULES BOYER ET Cie

11, RUE NEUVE-SAINT-AUGUSTIN, 11

1874

Tous droits de reproduction et de traduction réservés

DES

INSTITUTIONS REPRÉSENTATIVES

ET DES

GARANTIES DE LA LIBERTÉ

I 5 48 7/1 5

PRÉFACE

Ce livre n'est pas une œuvre de parti. Il a été écrit, uniquement, en vue de ce petit nombre d'esprits qui se plaisent à la recherche de la vérité ; non pour servir un homme ou une cause.

Quelques-unes des considérations qu'il renferme avaient été mises au jour, sous une autre forme, dans les ardentes polémiques de 1848. La confirmation qu'elles ont reçue des événements a fait penser à l'auteur, peut-être à tort, que la publication des faits et des notes qu'il avait recueillis, dans ses lectures, sur un des plus graves sujets qui puissent appeler les méditations des hommes d'étude, ne serait pas sans utilité : ne fût-ce que pour épargner des recherches aux gens de peu de loisir.

Si quelque esprit sincère vient à rencontrer, dans ces pages d'où la passion politique a été exclue. l'éclaircissement d'un de ses doutes ou l'affermissement d'une de ses convictions, les espérances de l'auteur seront dépassées, son ambition s'étant toujours limitée à former, par lui-même, ses opinions, et à dire loyalement ce qu'il pense.

Maisons-sur-Seine, 1er mai 1874

DES

INSTITUTIONS REPRÉSENTATIVES

ET DES

GARANTIES DE LA LIBERTÉ

I

DES DROITS DE L'ÉTAT.

C'est un moment singulièrement critique pour une nation, que celui où, placée entre un passé détruit et un avenir incertain, elle doit, au milieu de la lutte des passions et des intérêts, se donner une constitution, c'est-à-dire entreprendre de régler elle-même ses destinées. Il est à peine besoin de dire qu'il n'est pas d'œuvre qui exige plus de réflexion, de sagesse et d'impartialité. Heureux le peuple qui a pu, comme les Américains, ne s'y prendre qu'à une fois, et atteindre du premier coup à ce degré de perfection qui permet d'ajourner les changements, de crainte de compromettre un présent satisfaisant. La France a fait preuve, au contraire, d'une perpétuelle instabilité, et elle vient de traverser en quatre-vingts ans toutes les formes de gouvernement, sans pouvoir s'arrêter à aucune. Ce n'est pas que nos législateurs aient manqué de talent, de savoir et même d'expérience ; c'est qu'obéissant au génie théoricien et dogmatique de notre pays, ils ont toujours poursuivi l'application, dans les lois, d'une théorie préconçue ; ils se sont préoccupés des exigences d'une logique rigoureuse, plus qu'ils n'ont tenu compte des nécessités pratiques, de l'état des mœurs et de la perpétuelle mobilité du cœur humain.

Un tout autre esprit a présidé à la formation de la constitution américaine. Sans doute il se trouvait, parmi ses fondateurs, des esprits aventureux et même chimériques, des théoriciens à idées absolues, comme Jefferson et Alexandre Hamilton, partisans de systèmes opposés, et semblables seulement par l'exagération de leur logique. Mais la plupart de ceux qui, par leurs votes, leurs écrits, leur influence, eurent la plus grande part à cette œuvre éminente, Franklin, Jay, Madison, Gouverneur Morris, étaient des hommes pratiques, rompus aux affaires, ayant dirigé, pendant quinze ans, les colonies dans leur lutte contre l'Angleterre, ayant éprouvé à chaque minute, par eux-mêmes, qu'on ne peut emprisonner une nation dans des règles absolues ; et ils avaient à leur tête, en Washington, un homme réunissant l'autorité du caractère à l'autorité des talents et des services, et possédant au plus haut degré cette lucidité d'esprit, cette droiture de cœur, ce ferme bon sens qui, appliqués à la politique, égalent le génie.

La constitution américaine fut donc l'occasion d'une lutte acharnée entre les hommes à systèmes et les hommes pratiques, entre les théoriciens de cabinet et ceux qui, magistrats, soldats ou diplomates, avaient préparé ou conquis l'indépendance de la patrie. La victoire resta aux hommes d'expérience et d'action, ainsi qu'il devait arriver, dans une assemblée peu nombreuse, dont tous les membres avaient pris une part plus ou moins active à la lutte contre la métropole et, dans les leçons du passé, avaient la meilleure défense contre les entraînements de l'esprit ou la séduction du talent. Il en est sorti une œuvre sans faste et sans prétention, sans leçons à l'adresse du monde entier, mais expression fidèle de l'esprit national, pleine de sagesse et de bon sens, grande par sa simplicité, et grandissant chaque jour encore par le filial amour que lui conserve chaque génération nouvelle. Il est temps qu'en France nous nous préoccupions moins de régenter le monde, et un peu plus d'atteindre au vrai, au sage et au durable ; il est temps que nos législateurs mettent de côté les livres et les systèmes, même ceux qui leur sont personnels, pour étudier le pays dont la constitution doit refléter fidèlement les sentiments et les vœux, et qu'au lieu d'écrire une constitution comme un livre de géométrie, en déduisant de principes absolus une suite de théorèmes, ils s'appliquent à faire quelque chose de court, de simple et de sensé.

Par un contraste étrange, s'il n'est pas de peuple qui ait eu plus de constitutions que le nôtre, il n'en est pas qui, au milieu de ces changements perpétuels, ait montré plus de persistance dans ses vœux et ses idées. Prenez les doléances des anciens États généraux, les cahiers de l'assemblée nationale, les pétitions aux assemblées suivantes, les écrits périodiques des époques subséquentes, vous serez frappé de la surprenante uniformité de vues qui éclate dans les vœux de la même nation, à des siècles de distance. Aucun peuple, pris dans sa généralité, ne s'est moins laissé aller aux utopies et aux rêves et n'a réclamé, avec plus de persévérance, une juste conciliation entre la force du gouvernement et l'indépendance des gouvernés, une sage distribution de l'ordre et de la liberté. Mais les théoriciens, qui entraînent facilement un peuple amoureux de l'éclat et docile aux séductions de la parole, ont substitué leur imagination à l'admirable bon sens de la nation; et, pour l'amour-propre de ne point se copier mutuellement, chaque génération nouvelle de législateurs a voulu raffiner sur la précédente, et s'en distinguer par une chimère particulière, au risque de fatiguer le pays et de fausser son jugement.

Prenons garde, en effet, que le mal de ces changements perpétuels n'est pas dans la calomnie qu'il provoque contre le caractère national, mais dans la mobilité qui s'introduirait effectivement dans les idées de la nation. Quand on voit les constitutions se succéder comme les saisons, on s'attache plus aux imperfections qu'aux mérites d'une œuvre que l'on croit éphémère, et l'on arrive bien vite à la pensée de recommencer ce qu'on a déjà vu faire et défaire. Il y a cependant quelque péril à tout remettre ainsi périodiquement en question, car on ne peut le faire, chaque fois, qu'en soumettant à une discussion les bases mêmes de la société.

Qu'est-ce en effet que faire une constitution, sinon déterminer quels seront, dans un pays, les droits de l'Etat, et dans quelles limites s'exercera la liberté des citoyens ? Cette existence, en face des individus, d'un être collectif qui s'appelle l'État, investi de droits distincts, exclusifs même de ceux des citoyens, cette limitation, dans l'intérêt général, des droits des individus, qui seuls pourtant existent, et qui sont, au fond, les vrais souverains, c'est là ce qui fait la différence de l'état de société et de l'état sauvage.

Tout homme arrive au monde avec le droit illimité de vivre, de se développer, de conserver et d'étendre son bien-être par tous les moyens à sa portée. Le jour où une autre créature humaine, existant aux mêmes conditions, se trouve à côté de lui, ces deux droits égaux et juxtaposés se limitent l'un l'autre; le jour où l'isolement cesse, naît entre les individus, au nom même de l'équité, l'obligation d'un respect réciproque pour leurs droits : puis, la pensée de se prêter un secours mutuel et de substituer un arbitrage à la force que les années donnent, et que les années enlèvent. Tout homme, en échange de la protection et du concours des autres, abandonne une partie de ses droits naturels, dont il investit la communauté. Nous avions le droit de poursuivre, par tous les moyens, la protection de notre personne et de notre avoir; mais qu'on nous blesse ou qu'on nous fasse tort, nous nous adressons au représentant de la communauté, au juge, et nous lui demandons de nous protéger ou de nous faire justice, au nom même du droit que nous avions, originairement, de le faire nous-mêmes, et que nous avons déposé entre ses mains.

Ce que chacun de nous abandonne ainsi de son droit primitif et de sa liberté d'action est placé à titre onéreux; nous en investissons cet être de raison qu'on appelle l'Etat, représentant abstrait de l'intérêt général, dont les droits ne sont que la collection des sacrifices faits par tous. Telle est l'origine des droits de l'Etat, et c'est cette origine qui en fait la légitimité. Nous aurions mauvaise grâce, en effet, à revendiquer en face de la communauté notre pleine liberté d'action, ayant tous profité par nous et par les nôtres, depuis le jour où nous sommes venus au monde, des bénéfices de cette assurance mutuelle qui constitue la société, en opposition avec l'état d'isolement et de barbarie.

Déterminer ce que chacun doit abandonner et doit conserver de son droit originaire, faire la part entre le citoyen et l'État, c'est là l'office d'une constitution. Il en résulte que faire précéder une constitution d'une déclaration des droits, c'est reconnaître à une loi le pouvoir de consacrer quelque chose qui lui est antérieur.

Le premier congrès des États-Unis avait eu raison de juger une pareille déclaration superflue; la constitution ne sanctionne les droits qu'en les limitant; tous ceux qu'elle n'atteint pas demeurent entiers.

Les hommes, quand ils sont appelés à faire une constitution, se trouvent toujours placés entre les deux tendances contraires, l'excès de la liberté et l'excès de la centralisation. Les uns veulent faire la part trop petite à l'Etat, les autres la lui veulent faire trop grande. Les premiers, par inquiétude pour la liberté individuelle, relâchent trop les liens du contrat en vertu duquel existe la société, affaiblissent celle-ci outre mesure, et risquent d'y jeter des germes de désorganisation. Les autres, préoccupés de constituer un pouvoir énergique, puissant et capable de grandes choses, cherchent à mettre, entre les mains de l'État, toutes les forces vives de la société, dépouillent les individus de toute initiative et de toute responsabilité, et par le soin même qu'ils apportent à faire disparaître tous les obstacles qui gêneraient l'action du pouvoir central, ils arrivent à confisquer à son profit la liberté elle-même, dont les citoyens ne conservent que l'apparence.

Il faut chercher la juste mesure entre ces deux extrêmes également dangereux; mais s'il fallait absolument pencher d'un côté, nous inclinerions vers la liberté. Le despotisme collectif, en effet, n'est pas moins accablant et funeste que le despotisme d'un seul; et s'il est beau d'être libre comme peuple, il est nécessaire d'être libre aussi comme homme. La liberté individuelle est la plus précieuse et la plus chère, car elle est de tous les instants; elle est le besoin impérieux des âmes, la condition indispensable de l'existence humaine. S'il ne faut pas désarmer la société, et la rendre impuissante à faire le bien de tous, il faut encore moins opprimer les individus. Ce qui plaît singulièrement dans la constitution des États-Unis, c'est le soin minutieux, la scrupuleuse attention que les législateurs américains ont apportés à ne point toucher inutilement à la liberté humaine, et à respecter, autant que possible, la plénitude des droits du citoyen.

Voilà l'exemple que nos législateurs devraient avoir perpétuellement devant les yeux. Sans parler en effet du communisme et du socialisme qui, aboutissant à la centralisation absolue, sont la négation même de la liberté, on ne peut pas se dissimuler que les idées d'une centralisation exagérée prévalent parmi les hommes que le 24 février 1848 avait portés au pouvoir et que le 4 septembre y a ramenés. La domination exclusive de l'État sur l'enseignement, sur les instruments de crédit, sur les voies de transport, sur tous les éléments principaux de l'activité nationale, voilà le rêve le plus cher de l'école qui prétend à gouverner. C'est au nom de ces idées, et en opposant toujours l'intérêt général aux intérêts particuliers, en invoquant le droit du premier à prévaloir sur les autres, qu'on a voulu, à diverses reprises, transformer la Banque de France en instrument de trésorerie, sans se préoccuper si, pour procurer à l'État des facilités éphémères, on ne paralysait pas le crédit individuel. C'est au nom des mêmes idées que la même école politique revendique, pour le pouvoir central, le monopole des assurances, et le monopole des chemins de fer.

Le danger de cette tendance, ce qui fait qu'elle arrive facilement à l'injustice et à l'oppression, c'est précisément le désintéressement de ceux qui la défendent. Préoccupés de la supériorité des intérêts généraux sur les intérêts individuels, ils arrivent promptement à sacrifier ceux-ci ; et l'habitude d'en faire bon marché les conduit à tout immoler, même l'équité, au nom de la communauté ; comme si la communauté n'était pas la réunion des individus; comme si, dans la société politique, de même que dans l'individu, un seul membre pouvait être atteint sans une souffrance et un affaiblissement pour le corps tout entier. C'est au nom de l'intérêt général qu'en 1848 le ministre des finances proposait de rembourser les fonds des caisses d'épargnes avec des rentes au pair, quand ces rentes valaient 70 ; comme si ce n'était pas là détruire d'un trait de plume le tiers de la propriété des déposants, et faire une banqueroute partielle ; comme s'il était une économie qui pût compenser une pareille atteinte à la propriété du pauvre et à l'honneur de l'État.

Il est impossible, en dehors des faits et sans passer à l'application, de fixer d'une manière précise la limite à établir entre les droits de l'État et les droits des citoyens. On ne peut que faire connaître le principe qui présidera à cet arbitrage. La limite des droits de l'État se détermine au contraire sans peine, lorsqu'on examine l'usage que l'État doit en faire. L'État peut faire trois usages du dépôt qui lui est confié; il s'en sert pour régler les rapports des citoyens entre eux, pour veiller à ce que ces rapports, une fois réglés, ne soient pas altérés par la violence ou la fraude, pour intervenir comme arbitre entre les intérêts et les passions des citoyens. De cette triple application résulte dans l'État l'existence de trois sortes de pouvoirs : le pouvoir législatif, le pouvoir exécutif, le pouvoir judiciaire.

Il y a donc lieu d'examiner successivement les conditions d'existence et la relation de ces trois pouvoirs.

II

DE LA SÉPARATION DES POUVOIRS.

Après avoir recherché l'origine et la limite des droits de l'Etat, nous avons dit que, si l'on envisageait les applications possibles de ces droits, on reconnaissait l'existence dans l'État de trois sortes de pouvoirs : le pouvoir législatif, le pouvoir exécutif, le pouvoir judiciaire. Par qui et comment seront exercés ces trois pouvoirs qui co-existent dans l'État, et d'abord seront-ils séparés ou réunis ? Ils ont été réunis tous les trois entre les mains d'un seul homme dans l'empire romain ; ils le sont encore aujourd'hui en Russie. C'est ce qu'on appelle l'autocratie, ou le despotisme d'un seul. Ils peuvent également être réunis entre les mains du peuple entier ou d'une assemblée, comme cela a eu lieu dans les démagogies antiques. On a alors le despotisme du grand nombre.

C'est à la façon dont chacune d'elles veut distribuer et combiner les trois pouvoirs, que les écoles politiques devraient se reconnaître. Gardons-nous, en effet, de nous laisser prendre aux vieilles dénominations, qui persistent encore, lorsque déjà elles ne représentent plus rien. Il y a longtemps que le nom de Républicain n'a plus de signification précise, le mot de République lui-même n'est qu'une enseigne, souvent menteuse. La République qui implique l'absence d'un chef héréditaire, n'implique pas la liberté des individus et s'accommode facilement de leur oppression.

Fut-on jamais moins libre que dans l'aristocratique Venise ou la démagogique Florence? Quel gouvernement était plus aristocratique, plus féodal que les cantons suisses avant 1789? On peut être républicain sans avoir l'amour, et surtout, sans avoir l'intelligence de la liberté. Tout dépend de la République que l'on a, tout dépend en France de la République que l'Assemblée nous donnera par les lois organiques que l'on prépare.

Le mot démocrate avait un sens, même après 1789 : il servait à désigner les hommes qui reconnaissaient dans le peuple l'origine de la souveraineté, et revendiquaient pour lui la toute-puissance effective, par opposition à ceux qui persistaient à attribuer au chef héréditaire de l'État une origine et une action indépendantes de la nation. La presque totalité de la France était démocratique en 1830 : en ce qu'elle ne voulait voir dans le roi qu'un fonctionnaire héréditaire, ayant pour mission de consacrer par le choix des ministres, mais non pas de contre-balancer ou de contredire l'expression de la volonté nationale. La monarchie impériale a toujours fait remonter au peuple lui-même l'origine de son pouvoir : il semble donc qu'aujourd'hui le nom de démocratie ne puisse plus avoir de signification que par opposition à celui de démagogie. En effet, en dehors des rares défenseurs du droit divin, tout le monde s'accorde à reconnaître que dans le peuple réside la plénitude de tous les pouvoirs ; la vraie question est de savoir si le peuple en retiendra l'exercice immédiat, ou s'il doit les déléguer, et comment il les déléguera.

L'école démagogique prétend que la souveraineté s'altère et même disparaît, en se déléguant. Elle veut donc qu'autant que cela sera humainement possible, on laisse à l'universalité des citoyens l'exercice effectif des trois pouvoirs.

En 1848, cette école avait pour organe le journal *la*

Vraie République, qui, aussitôt après la nomination de la Commission exécutive de cinq membres, s'écria que la révolution avait avorté, puisqu'elle avait pour unique résultat de substituer une pentarchie à la monarchie. On retrouverait aisément dans ce journal toutes les théories politiques que la Commune de Paris a tenté d'appliquer en 1871, et qui composaient déjà le programme de la secte. *La Vraie République*, comme les promoteurs de la Commune, soutenait que le peuple doit élire annuellement les juges et tous les fonctionnaires. Elle n'admettait qu'une assemblée annuelle qui choisirait parmi ses membres des ministres chargés d'administrer sous la surveillance de comités, pris également dans son sein; cette assemblée rédigerait et discuterait des décrets qui, pour devenir des lois, auraient besoin d'être ratifiés par les assemblées primaires. Cette assemblée unique et annuelle n'aurait donc pas une existence propre, elle ne serait, à vrai dire, qu'une commission du peuple, chargée de préparer les lois. Ce serait donc le peuple qui, par lui-même ou ses élus, exercerait directement les trois pouvoirs : législatif, administratif et judiciaire.

La France a fait l'expérience d'un régime à peu près semblable sous l'empire de la constitution de 1793, qui, elle aussi, conservait à l'universalité des citoyens l'exercice effectif des trois pouvoirs, et exigeait que les lois fussent soumises à l'examen des assemblées primaires. Cette expérience a suffi pour en faire éclater tous les défauts.

C'était là, d'ailleurs, le régime des démagogies de l'antiquité, et en particulier d'Athènes, c'est-à-dire l'oppression des individus par la multitude, l'esclavage des minorités. Le jour où le peuple fait et défait directement les lois, on peut dire qu'il n'y a plus de loi. Il n'y en a pas d'autres, en effet, que les décisions de la multitude, toujours dictées par les circonstances et variables comme elles, que cette volonté perpétuellement mobile qui élève aujourd'hui et proscrit demain, qui ne se lie jamais parce qu'elle ne saurait le faire qu'à la condition de s'abdiquer.

Quelle garantie peut invoquer la minorité, quand la majorité fait la loi comme législateur, l'applique comme juge, et l'exécute par les agents qu'elle nomme? Rien ne défend la minorité contre l'oppression, rien ne protége l'individu contre l'ostracisme, et l'ostracisme lui-même devient une institution protectrice, comme la seule barrière contre l'abus de la ciguë ou de l'échafaud.

Ce régime, destructeur de toute liberté, offre-t-il au moins les garanties d'une bonne administration, et cette force qui, sans compenser les vices du despotisme, les dissimule parfois sous la grandeur? On peut encore en juger par le sort de la constitution de 1793, qui, au bout de six semaines, fut suspendue au profit du comité de salut public. Lorsqu'on a brisé comme à plaisir tous les ressorts du gouvernement, le jour où les événements, les luttes du dedans ou du dehors, font sentir impérieusement la nécessité de l'unité d'action et de l'énergie, on n'a plus contre l'énervement du corps social d'autre ressource que la dictature. Il serait inutile d'insister plus longuement; chacun voit, sans peine, les arguments péremptoires qui condamnent le système de l'école démagogique, et il suffit d'opposer à ses partisans surannés, une autorité qu'ils ne peuvent récuser, l'opinion d'un de leurs coryphées. C'est Robespierre lui-même qui a dit:

« La démocratie n'est pas un Etat ou le peuple, continuellement assemblé, règle par lui-même toutes les affaires publiques; encore moins celui où cent mille fractions du peuple, par des mesures isolées, précipitées et contradictoires, décideraient du sort de la société entière. Un tel gouvernement n'a jamais existé, et il ne pourrait exister que pour ramener le peuple au despotisme.

« La démocratie est un Etat où le peuple souverain, guidé par des lois qui sont son ouvrage, fait par lui-même tout ce qu'il peut bien faire, et par des délégués tout ce qu'il ne peut faire lui-même. »

Il faut donc que l'universalité des citoyens délègue à des représentants l'exercice de sa souveraineté; mais si la représentation nationale est investie des trois pouvoirs, si elle fait les lois, les applique et les met à exécution, la tyrannie, pour avoir changé de mains, n'en existe pas moins; elle n'aura fait qu'acquérir, par la concentration, plus de force et d'efficacité. Il faut donc que la délégation de la souveraineté nationale ait pour effet de séparer les trois pouvoirs, et de donner à chacun d'eux une existence indépendante et une énergie propre.

Croirait-on faire assez en mettant d'un côté le pouvoir législatif, et de l'autre le pouvoir exécutif et le pouvoir judiciaire, ou croirait-on pouvoir réduire impunément celui-ci à une existence dépendante et subalterne? Ce serait une grave erreur. La réunion dans les mêmes mains du pouvoir d'interpréter les lois et du pouvoir de les faire exécuter, qu'elle soit le résultat direct ou indirect de l'organisation politique d'un pays, constitue un pouvoir formidable qui aboutit à la tyrannie. Cette réunion, en effet, laisse subsister l'apparence de la liberté, mais elle tue la liberté en détail, et, par son action quotidienne sur les individus, tourne insensiblement les masses vers la servitude. Quelle protection le simple particulier trouvera-t-il contre le pouvoir central, qui peut le froisser chaque jour dans ses intérêts par l'administration, et qui peut l'atteindre directement dans ses biens, sa liberté, sa vie même, par les tribunaux. L'influence, qu'on acquiert ainsi sur les individus, s'étend de proche en proche aux masses en qui le pouvoir ne réside plus que nominalement; et par l'influence que l'on prend sur les élections, on arrive non pas à détruire, mais à annuler le pouvoir législatif.

C'est là le régime que les républiques de la Grèce ont connu avec les Pisistrate, les Périandre, les Denys, avec tous les *tyrans;* celui que Florence a subi avec les premiers Médicis, celui enfin de toutes les républiques où un magistrat, même électif, et quelquefois un simple citoyen, par une influence toujours croissante sur les tribunaux et tous les corps électifs, est arrivé, sans violation apparente de la constitution, à se saisir de la réalité du pouvoir, et à ne laisser au peuple que l'ombre de la souveraineté.

Remarquez, en effet, que si vous ne donnez pas au pouvoir judiciaire une existence à lui propre, peu importe que vous enleviez la nomination des magistrats au pouvoir exécutif pour la transférer au pouvoir législatif ou au corps électoral lui-même. Le pouvoir judiciaire inclinera toujours vers le pouvoir exécutif, comme vers celui qui peut le plus efficacement influer sur sa composition et son renouvellement.

Cela est évident avec le système de la nomination directe, cela ne l'est guère moins avec le système de l'élection des juges, et plus l'on fortifiera l'action du pouvoir central, moins on sera admissible à contester cette conclusion. C'est pourquoi le gouvernement provisoire de 1848 se méprit étrangement, lorsqu'il détruisit l'inamovibilité des juges, et déclara que l'inamovibilité lui paraissait incompatible avec le régime républicain. Il réduisait la magistrature à l'office d'instrument et à l'état de subalterne; et, pour l'avenir, il mettait le pouvoir judiciaire entre les mains du pouvoir exécutif, quel qu'il fût.

L'école à laquelle appartiennent les gouvernants du 24 février 1848 et du 4 septembre 1870, et que nous nommerons : l'École Centraliste, se croit très-libérale parce qu'elle a réussi à détruire l'hérédité de la pairie d'abord, l'hérédité de la souveraineté ensuite. En dirigeant ses efforts de ce côté avec une persistance, une énergie et une habileté remarquables, cette école a travaillé pour l'égalité, et, en cela, elle s'est montrée conséquente avec elle-même. En effet, tout ce qui affaiblit et diminue les individus tourne au profit de la masse, et plus un niveau uniforme s'étend sur la société, plus le pouvoir central, qui seul reste debout dans cette péréquation universelle, acquiert de puissance et de force relatives. Elle a donc travaillé efficacement pour l'égalité, mais non pas pour la liberté, qu'elle n'aime pas et ne comprend pas, et qu'involontairement sans doute, et à son insu, elle arrive à compromettre.

Elle a pris pour principe, ainsi que nous l'avons dit, la prédominance des intérêts généraux sur les intérêts individuels, et pour moyen d'action l'accroissement des droits de l'État. Mais l'État est un être abstrait, et cet accroissement profite, en définitive, au représentant de l'État, au Gouvernement. Aussi l'école centraliste (si l'on peut prendre pour résumé de ses idées, en matière de constitution, le projet de M. de Lamennais, qui a été la première ébauche de la constitution de 1848, cette constitution elle-même qu'on a voulu remettre en vigueur après le 4 septembre et le rapport d'Armand Marrast) se montre-t-elle aussi ardente que personne à défendre contre la démagogie l'existence du pouvoir exécutif. Elle déclare avec une sincérité parfaite que, loin de songer à briser notre organisation politique, elle veut constituer un gouvernement énergique et fort; et elle croit avoir pris assez de garanties pour la liberté en soumettant le pouvoir exécutif à l'élection et en le limitant, quant à la durée.

Qu'elle réfléchisse cependant aux pouvoirs qu'elle mettrait entre les mains du gouvernement, si les doctrines qu'elle professe étaient appliquées dans toute leur étendue. Ce ne serait rien de moins que la disposition souveraine du crédit par la banque nationale, des institutions de prévoyance par le monopole des assurances, des moyens de circulation par la reprise des chemins de fer, l'administration sous toutes ses formes, la disposition des finances, celles des forces de terre et de mer, la dépendance inévitable du pouvoir judiciaire. Nous pouvons même y ajouter la nomination aux emplois, car si M. de Lamennais a essayé d'aller au-devant de l'objection à propos de l'armée, en glissant à la fin de son projet un article qui porte que le principe de l'élection sera introduit dans l'armée « au degré et selon les formes que la loi déterminera », il n'a pas été suivi par la majorité de son parti, qui regarde l'élection des officiers comme inapplicable à l'armée permanente. La création, en 1848, d'une école administrative, la mise à l'étude de nouvelles écoles spéciales préparant aux fonctions publiques, indiquent assez que ce parti ne songe pas à introduire dans l'administration le principe, funeste d'ailleurs, de l'élection.

« Tous ces pouvoirs, écrivions-nous en juin 1848, avant le vote de la constitution, cette puissance supérieure en réalité à celle qu'a jamais eue un roi constitutionnel, seront-ils remis pour trois ans à un seul homme, placé en face d'une assemblée unique, élu comme cette assemblée et non pas par elle, et pouvant invoquer au même titre la légitimité du suffrage universel? Supposez que ce soit un ambitieux, disposé à flatter les passions de la multitude, il suivra le torrent populaire, au moment où l'Assemblée aura le plus besoin de force pour y résister; et dans la lutte qu'il engagera contre elle, il pourra invoquer son élection, et se dire, comme fit une fois le général Jackson, le représentant du peuple entier en face des représentants de bourgades. »

Pour exercer d'ailleurs une véritable domination, il lui suffira, par l'exercice habile du patronage administratif, par le bon emploi de son influence sur les élections, de s'acquérir la majorité de l'Assemblée, et alors, sa responsabilité couverte par des votes complaisants, il pourra tenter impunément ce que n'oserait aucun roi; il aura à sa discrétion tous les intérêts individuels. L'école centraliste aboutit donc à donner légalement, constitutionnellement à un homme, pour trois ou quatre années, le même pouvoir, plus étendu peut-être, que les Pisistrate ou les Périandre dans la Grèce, que les Médicis à Florence, devaient à la proclamation populaire, à l'investiture de la multitude, et ne conservaient que sous la crainte des poignards.

L'école centraliste n'a, du reste, que le choix entre deux maux, ainsi qu'il arrive toujours aux écoles qui se placent à mi-chemin entre l'erreur et la vérité, et qui exagèrent leur principe, de crainte d'en rien sacrifier. Elle n'échappe que par une inconséquence aux critiques qui ont été faites du système de l'école démagogique. D'accord avec celle-ci pour restreindre de plus en plus le cercle de l'activité individuelle, pour fermer aux particuliers les principales voies de l'influence et de la richesse, pour briser, au nom de l'égalité, le pouvoir judiciaire, elle se sépare d'elle en ce qu'elle conserve au pouvoir exécutif une existence indépendante, et qu'elle place un président en face de l'assemblée nationale. Il est cependant de toute nécessité que cette centralisation excessive, caractère commun des deux écoles, profite ou à l'assemblée ou au président. Dans le système présenté par M. de Lamennais, et établi par la Constitution de 1848, un président, à la seule condition de courtiser la multitude, aura toute la réalité du pouvoir.

Si, pour parer à ce danger, les centralistes entreprennent de lier les mains à leur président, et que, tout en conservant au pouvoir central les moyens énormes d'action qu'ils lui donnent, ils mettent le chef du pouvoir exécutif sous la tutelle immédiate et quotidienne de l'assemblée, c'est à celle-ci que la centralisation profitera. Nous retomberons alors sous le despotisme d'une assemblée unique; nous aurons la Convention avec un fantôme de pouvoir exécutif, qui ne sera qu'un instrument passif entre les mains du pouvoir législatif tout-puissant. L'école centraliste nous conduirait aux mêmes conséquences que l'école démagogique; et elle aurait vis-à-vis de celle-ci l'infériorité de compliquer la machine gouvernementale d'un rouage inutile ou dangereux.

Il importe donc de s'attacher fortement au principe tutélaire de la division des pouvoirs ; et Montesquieu a eu raison de dire, en terminant l'examen qu'il a fait de la constitution anglaise : « Qu'il n'y a point de liberté lors-
« que, dans la même personne ou dans le même corps de
« législature, la puissance législatrice est unie à la puis-
« sance exécutive, ou lorsque la puissance de juger n'est
« pas séparée de la puissance législative et de l'exécu-
« trice. » L'expérience de tous les siècles et de tous les pays a consacré ce principe, en faisant voir qu'on ne saurait impunément y porter atteinte. Ici encore, les législateurs des États-Unis se sont montrés animés de cet esprit de sagesse, de cette défiance des théories, de ce respect salutaire pour les enseignements du passé, qui ont donné à

leur œuvre un cachet particulier, et en ont assuré la durée.

Outre la constitution fédérale, où chacun des trois premiers articles est consacré à l'un des trois pouvoirs, on pourrait invoquer encore les constitutions des différents États. Au moment, en effet, où une convention rédigeait le pacte d'union qui régit la confédération tout entière, douze sur treize des États primitifs substituaient des constitutions républicaines aux chartes royales qui les avaient régis comme colonies.

C'est une étude à la fois curieuse et instructive, que celle de comparer entre elles ces constitutions, qui sont tout à fait contemporaines, et dont aucune n'a sensiblement influé sur l'autre. Il y a des différences assez grandes de l'une à l'autre, différences qui ont été diminuées ou accrues par suite des révisions que la plupart des États ont fait subir au texte primitif; mais les ressemblances sont nombreuses et frappantes. Cette uniformité même du cadre général est un enseignement, en ce qu'elle indique, au premier coup d'œil, quels sont les principes fondamentaux que les hommes éclairés s'accordent à reconnaître comme la base la plus sûre de toute législation.

Au premier rang se trouve le principe de la division des pouvoirs, qui n'est pas seulement respecté par chacune de ces constitutions, mais qui est proclamé en tête de presque toutes. Le Maryland déclare que « les pouvoirs législatif, exécutif et judiciaire, doivent toujours être séparés et distincts l'un de l'autre. » Les deux Carolines font la même déclaration dans les mêmes termes. En tête de la constitution de la Géorgie on lit : « Tous les départements, législatif, exécutif et judiciaire, doivent être séparés et distincts, de manière qu'aucun d'eux n'exerce les pouvoirs qui appartiennent à un autre. » La constitution de la Virginie débute de la même façon et ajoute : « Et de manière qu'aucune personne ne puisse exercer en même temps les pouvoirs de plus de l'un d'entre eux. » La constitution du Massachusetts a rendu la même idée avec plus de précision encore dans la déclaration remarquable qui suit : « Le corps législatif n'exercera jamais les pouvoirs exécutif et judiciaire, ou l'un des deux; le magistrat exécutif n'exercera jamais le pouvoir législatif et judiciaire, ou l'un des deux; les juges n'exerceront jamais les pouvoirs législatif et exécutif ni aucun des deux. »

Respectons, nous aussi, le même principe, non-seulement en apparence, mais en réalité, en veillant à ce qu'il ne soit point faussé dans son application. L'école libérale, également soucieuse de la puissance nationale et de la liberté individuelle, doit se tenir ferme sur son terrain qui est celui de la vérité. Par opposition à la démagogie, elle doit s'attacher résolûment à la division des trois pouvoirs, et à leur constitution forte et indépendante, afin de substituer une action intelligente et régulière aux variations de la multitude. Contre les centralistes, elle doit défendre la liberté du crédit et de l'industrie, l'initiative privée, l'énergie individuelle. Conservant l'unité du pouvoir exécutif, elle doit rendre celui-ci impuissant contre la liberté, en lui retirant les moyens d'action qui ne sont pas indispensables pour la direction des intérêts généraux, pour la défense du territoire national. La décentralisation administrative dans une juste mesure sera, à ses yeux, la garantie la plus efficace contre un pouvoir unitaire.

La constitution des États-Unis a donc, aux yeux de l'école libérale, ce double mérite de laisser autant que possible aux particuliers le règlement des affaires qui les touchent, tant que les intérêts généraux n'en sont pas compromis ; et, en second lieu, de donner aux trois pouvoirs une existence, non-seulement distincte, mais indépendante. Cette constitution, comme il sera facile de le faire voir, a encore le mérite d'avoir assuré : au pouvoir législatif, la lumière et la modération par sa division en deux branches; au pouvoir exécutif, l'énergie et l'activité par l'unité; au pouvoir judiciaire, l'indépendance par l'inamovibilité.

III

DU POUVOIR LÉGISLATIF.

Le premier des trois pouvoirs, en importance et en étendue, est le pouvoir législatif. Il est, en effet, antérieur aux deux autres, qu'il contient virtuellement; il peut les modifier ou les limiter ; il en règle l'exercice, tandis qu'il ne relève que de lui-même. Il est donc, en vertu de sa nature même, l'apanage de la souveraineté; il en est la manifestation la plus éclatante, et sa possession en forme le caractère distinctif.

A tous ces titres, le pouvoir législatif appartient à la nation, et à la nation seule. C'est une possession qui ne souffre point de partage. Il vient d'être démontré, en s'appuyant de l'aveu des démagogues eux-mêmes, que le peuple est impuissant à faire par lui-même un usage continu d'aucun des trois pouvoirs. Le peuple devra donc exercer le pouvoir législatif par délégation, en le remettant à des mandataires de son choix; et ces mandataires qui représenteront la nation dans l'exercice de sa prérogative la plus haute, occuperont naturellement le premier rang dans la hiérarchie sociale. Sur ce point, il ne peut y avoir qu'un avis; mais la représentation nationale sera-t-elle une ou multiple? Se composera-t-elle d'une chambre unique, ou se divisera-t-elle en deux branches?

De toutes les questions qui se rattachent à la constitution du pouvoir législatif, celle-ci est la question capitale, car elle a toujours été la plus controversée en France; et des deux solutions qu'elle peut recevoir, l'une a pour elle l'expérience, et l'autre plaît singulièrement aux esprits spéculatifs. Pour nous, nous sommes de ceux qui croient fermement à la nécessité de la division du pouvoir législatif entre deux Chambres, et qui réclament cette division au nom de l'expérience de tous les temps et de tous les pays, au nom des vrais principes de toute législation.

Cette opinion a contre elle, il ne faut pas se le dissimuler, les circonstances au milieu desquelles s'élabore notre future constitution, et le préjugé créé par l'état d'impuissance où sont tombés également la chambre des pairs, sous la monarchie de 1830, et le Sénat, sous l'Empire, deux institutions bâtardes qui n'avaient aucun des éléments nécessaires à la vie d'un corps politique. Nous sortons d'essayer du régime de deux chambres parallèles, nous passons de la Monarchie à la République. Nous avons vu, sous deux régimes, le pouvoir exécutif s'essayer à empiéter sur les droits de la nation, s'aider, dans cette œuvre, de la débilité d'une des deux chambres, et paralyser avec son concours les velléités libérales de la chambre élective. Nous appliquons naturellement au présent les idées du passé ; nous oublions que l'insuccès d'une chambre viagère, nommée par le monarque et dans une dépendance forcée du pouvoir exécutif, ne préjuge rien contre le principe de la division du pouvoir législatif. Quoique la situation ait complétement changé, nous nous croyons encore sous la monarchie : il semble que tout le danger doive venir du pouvoir exécutif ; il semble qu'en réduisant la législature de deux branches à une seule, on prive le pouvoir exécutif d'un allié nécessaire, et qu'on sauvegarde la liberté. Il arrive cependant tout le contraire de ce qu'on croit; on ne peut fonder rien de durable, on ne peut donner à la liberté de garanties sérieuses et stables que par la division du pouvoir législatif en deux branches.

Supposez le pouvoir législatif, dans toute son étendue, remis à une seule Assemblée. Quelle protection efficace contre celle-ci le pouvoir judiciaire pourra-t-il invoquer, lui qui dépend d'elle, qu'elle peut briser dans son ensemble, qu'elle peut atteindre dans chacun de ses membres par la fixation du salaire ? La lutte se passera donc entre l'Assemblée investie du pouvoir législatif et le chef du pouvoir exécutif. Mais, ainsi que nous l'avons dit, faute d'un régulateur et d'un arbitre, la lutte se terminera par l'anéantissement de l'un ou de l'autre. Le pouvoir exécutif sera-t-il laissé sans force, il sera absorbé ? Le président ne sera qu'un simple instrument entre les mains de l'Assemblée, son premier commis ayant l'air de désigner d'autres commis sous le nom de ministres. Mais alors on retombe sous l'empire d'une assemblée investie de tous les pouvoirs, c'est-à-dire sous une des formes du despotisme. Voulez-vous, pour éviter ce danger, constituer fortement le pouvoir exécutif : le péril n'est pas moindre? Un président ambitieux, s'il est servi par les circonstances, pourra à l'aide de la popularité, par l'emploi de la corruption, par celui de l'intimidation, se créer, dans cette Assemblée unique, une majorité complaisante, et usurper toute la réalité du pouvoir, peut-être même tuer la liberté. Quand le pouvoir législatif est divisé, la résistance d'une seule chambre suffit à déjouer les essais d'usurpation de part et d'autre; et la rivalité des deux Chambres suffit à arrêter les empiètements du pouvoir législatif.

Prenons garde qu'il ne s'agit pas seulement ici de la stabilité de la constitution ; car il peut arriver que la constitution ne soit pas renversée, et que, pourtant, la liberté soit détruite. Nous avons fait voir, d'après l'autorité de Montesquieu et en invoquant l'expérience des États-Unis, qu'il n'y avait plus de liberté là ou la division et l'indépendance réciproque des trois pouvoirs n'étaient pas respectées. La liberté redoute donc les empiètements du pouvoir législatif autant que ceux des deux autres ; attendu que les accroissements de celui-ci ayant pour effet de réunir tous les éléments d'autorité dans les mêmes mains, mènent a la même tyrannie que les usurpations du pouvoir exécutif. Dans une République, plus que dans toute autre forme de gouvernement, le pouvoir législatif est le pouvoir dominant. Tandis que le pouvoir exécutif est limité et dans l'étendue et dans la durée de ses fonctions, le pouvoir législatif est exercé par une ssemblée émanée du souverain, pleine de confiance par l'idée qu'elle a de son influence sur le pays, et peu disposée à reconnaître des limites à son autorité. Le corps législatif, investi de pouvoirs constitutionnels plus étendus et, par leur nature même, moins susceptibles d'être renfermés dans des limites certaines, peut donc voiler plus facilement ses usurpations, et, souvent même, usurper involontairement. Ce n'est pas, en effet, chose facile, que de reconnaître et de montrer que l'effet d'une décision particulière s'étendra au delà des bornes légitimes du pouvoir d'une assemblée. Un corps quelconque, dès qu'il représente le souverain, se croit volontiers investi de pouvoirs illimités, parce qu'il ne rencontre pas d'autorité au-dessus de la sienne. Il est incessamment tenté de faire usage, vis-à-vis de la constitution elle-même et vis-à-vis du véritable souverain, qui est la nation, du pouvoir discrétionnaire dont il n'est investi que pour certains objets déterminés, comme par exemple : la fixation de l'impôt. Si, dans une République, le pouvoir législatif est à la fois le pouvoir dominant et celui auquel il est le plus facile d'empiéter sur les autres, c'est contre ce pouvoir que la liberté doit prendre ses précautions.

Qu'on ne dise pas que nous cédons à des craintes chimériques. Platon a dit et Montesquieu a répété après lui, que « c'est une expérience éternelle que tout homme qui a du pouvoir est porté à en abuser et va jusqu'à ce qu'il trouve des limites. » Ce qui est vrai d'un homme, l'est plus encore d'une assemblée qui, à peine réunie, voit naître et se développer en elle l'esprit de corps, c'est-à-dire l'esprit d'ambition et d'envahissement. Cela est surtout vrai d'une assemblée qui est assez nombreuse pour éprouver toutes les passions, tous les entraînements qui agissent sur les hommes réunis, et pour qu'aucun de ses membres ne se croie et ne se sente personnellement responsable des résolutions prises; et qui, en même temps, n'est pas assez nombreuse pour être incapable de combiner les moyens d'arriver sûrement à son but. Rien ne viendra arrêter, et ne fera échouer cette propension irrésistible, qui porte tous les corps publics à élargir incessamment le cercle de leur influence, et à accumuler tous les pouvoirs dans leurs mains. Lorsqu'une assemblée unique aura été une fois investie de la totalité du pouvoir législatif, il ne sera plus possible de mettre aucun frein à l'exercice de ce pouvoir; chaque usurpation sera justifiée par le prétexte de la nécessité, ou des exigences du bien public.

Il sera d'autant moins possible d'opposer aucune barrière aux envahissements du corps législatif, que lui-même sera presque toujours seul juge de la limite de ses pouvoirs et des devoirs que lui imposent les circonstances.

Algernon Sidney, pour prouver que la prérogative royale ne devait pas dépasser la sphère du pouvoir exécutif, a fait remarquer « que le pouvoir législatif est presque toujours arbitraire, et qu'il ne doit pas être confié à des mains qui ne sont pas obligées d'obéir aux lois qu'elles ont faites. » Mais cette remarque s'applique avec presque autant de justesse à une assemblée qu'à un individu; car le corps législatif, aussi bien que le monarque, peut chercher à échapper à ses propres liens. Le pouvoir de faire la loi supposant celui de la défaire, il y a là, pour le corps législatif, une tentation perpétuelle de s'affranchir de la loi, tout en la faisant subir aux autres, et de ne reconnaître d'autre obligation que sa propre volonté. Qui rappellera une assemblée unique au respect de ses propres décisions, au respect de la constitution, de la justice et de la liberté, lorsque la passion, lorsque l'ambition ou la peur, lorsque la domination d'une faction ou l'influence d'intérêts coalisés la porteront à des mesures oppressives ou iniques ?

En vain compterait-on sur l'honneur, le patriotisme et le bon sens des individus qui composeront le corps législatif; ce serait compter sans l'esprit de parti. Hume, et avant ou après lui, tous ceux qui ont fait l'expérience de la politique, ont reconnu que les hommes apportaient plus de probité et de loyauté dans leur conduite privée que dans les affaires publiques, et qu'ils font, pour servir leur parti, ce qu'ils refuseraient de faire pour leur intérêt personnel. A mesure que les hommes se réunissent en plus grand nombre, chacun d'eux voit s'affaiblir en lui le sentiment de sa responsabilité personnelle : à ce sentiment qui fait la force de ce qu'on appelle l'honneur, se substitue une sorte de patriotisme qui devient d'autant plus ardent, que la lutte et la communauté d'intérêts resserrent chaque jour plus étroitement les liens de parti. Certain de l'approbation de ses amis, on fait vite bon marché de l'opinion de ses adversaires ; et l'on n'a plus bientôt d'autre terme d'appréciation que le succès.

Rien ne pourra donc arrêter le corps législatif dans la voie des envahissements ; rien ne l'empêchera d'étouffer la liberté avec les prérogatives qui doivent servir à la défendre; rien ne l'empêchera de tourner contre la nation le pouvoir qu'il tiendra d'elle. Tant que la nation n'aura pas été consultée à nouveau, le corps législatif pourra dire qu'il représente seul l'universalité du pays, et braver, comme l'expression de fractions isolées, toute manifestation contraire à la politique qu'il adopte. Cependant, il pourrait se faire qu'il ne représentât plus réellement l'opinion de la nation, s'il était égaré par l'esprit de parti, s'il était entraîné par des démagogues ou s'il subissait le joug d'une influence extérieure. Il tournerait alors le droit contre le droit lui-même. On ne saurait donc contester qu'une assemblée unique puisse, par l'exagération de son pouvoir et par l'absence de toute barrière, arriver à constituer une tyrannie.

Comment donc ne pas enchaîner le pouvoir législatif dans des limites que sa nature ne reconnaît pas, et opposer cependant une barrière efficace aux envahissements du corps chargé de l'exercer? Il est impossible de dépouiller le peuple d'une portion de sa souveraineté, et cette souveraineté demeure entière, lors même qu'elle se délègue. Toucher aux droits de la représentation nationale, serait toucher aux droits de la nation. L'expérience des peuples n'a rien trouvé de plus simple, de plus sûr et à la fois de plus efficace que la division de la représentation nationale en deux branches qui exercent l'une sur l'autre un contrôle et un veto réciproques. Cette division laisse entière la souveraineté du peuple et les droits de la représentation nationale; elle n'enlève aux mandataires de la nation rien de ce qui leur appartient : quelle que soit la chambre qui fasse usage du veto, c'est la nation qui agit par elle. Le pouvoir législatif reste donc intact dans les mains d'où il ne saurait sortir; et il trouve en lui-même le frein dont il a besoin.

Voilà les raisons capitales qui nous font juger indispensable l'établissement de deux chambres parallèles, sorties toutes deux de l'élection populaire, et exerçant également le pouvoir législatif. Cette combinaison peut encore se justifier par plusieurs considérations pratiques. Personne ne contestera que ce ne soit la seule garantie sérieuse contre la précipitation et l'irréflexion. En vain, on cherchera cette garantie dans le règlement intérieur du corps législatif, en s'arrangeant pour mettre un délai nécessaire entre la présentation et l'adoption d'une mesure : une assemblée qui fixe elle-même les règles de ses délibérations, les relâche facilement sous l'empire des circonstances extérieures. Toute mesure qui a un côté spécieux et populaire, que l'esprit de parti appuie fortement ou que les exigences de la multitude imposent, revêt bientôt, aux yeux de ses défenseurs, les caractères de l'urgence. Un parti ardent, conduit par des chefs ambitieux, peut trancher toutes les questions par des coups de majorité; et les votes pour être irréfléchis pour avoir été enlevés par surprise, n'en sont pas moins irréparables. Le spectacle que nous avons sous les yeux en ce moment nous dispenserait, au besoin, de rappeler le souvenir de la Convention et des assemblées de 1848 et 1849.

Remarquez encore que le corps législatif est, tous les jours, appelé à prononcer sur les affaires de la communauté tout entière, sur des questions où les diverses parties du territoire et les différents intérêts se trouvent en opposition. Un parti peut chercher à surprendre à la législature une décision contraire au bien général; il peut acheter l'appui de quelques-uns des intérêts en lutte, en leur sacrifiant les autres, afin de s'acquérir la majorité. L'existence d'un second corps, investi de droits égaux à ceux du premier, est une garantie qu'une coalition d'intérêts individuels ne réussira pas, au moyen d'une majorité factice, à prévaloir sur les intérêts généraux, et sera un instrument impuissant entre les mains des ambitieux.

On a dit avec raison que la meilleure garantie de la liberté était dans la fréquence des élections. Il faut, en effet, que les mandataires du peuple comparaissent souvent devant les électeurs pour qu'ils se sentent toujours sous la dépendance du souverain et ne soient pas tentés de s'attribuer à eux-mêmes une autorité dont ils ne sont que les dépositaires. La fréquence des élections est donc une nécessité sous le gouvernement représentatif; d'un autre côté, elle a pour effet inévitable de détruire ou de rendre illusoire la responsabilité des représentants. La plupart des mesures ne produisent leur résultat que dans un intervalle de temps assez long; il peut donc arriver que les députés reviennent se soumettre au jugement de la nation avant qu'on puisse apprécier sainement leurs actes. Ils profitent alors des complaisances qu'ils ont eues pour les caprices de la multitude, pour ses désirs irréfléchis; et le vote qui leur sera reproché plus tard devient un titre à la réélection. La succession rapide des élections, en renouvelant incessamment le corps législatif, a encore l'inconvénient d'en changer fréquemment l'esprit et d'introduire dans la politique la perpétuelle mobilité qui préside à la formation de la législature. Vous atténuerez singulièrement ces désavantages, tout en conservant le bon côté des élections fréquentes, si l'une des branches du Corps législatif est assez peu nombreuse pour que toutes ses délibérations soient réfléchies, et pour que chacun de ses membres se sente responsable, à un certain degré, des décisions prises ; si, en outre, la durée de cette chambre est assez longue pour qu'il soit plus dangereux qu'utile de sacrifier aux caprices des masses en adoptant des mesures populaires et dangereuses, et pour que les membres les plus timides puisent dans la durée de leur mandat la force et le courage de braver une impopularité de quelques jours.

Le plus beau titre de gloire de Washington, aux yeux des Américains, est d'avoir su résister à l'élan presque unanime de la nation, qui voulait prendre parti pour la révolution française et déclarer la guerre à l'Angleterre. Washington fit le sacrifice de sa popularité pour imposer à son pays une neutralité qui sauva sa naissante prospérité. Mettez Washington en présence d'une chambre unique, à laquelle l'élection communiquera bientôt la passion populaire : où trouverait-il un appui contre le pouvoir législatif pour défendre l'autorité qu'il tient de la constitution? Une assemblée unique, issue d'une manifestation éclatante de la nation et certaine d'en traduire le vœu, ne cherchera-t-elle pas à prévaloir, même aux dépens de la constitution? Tout échoua, aux États-Unis, devant la résistance du président; mais Washington menacé d'une déchéance ou d'une mise en accusation, n'est-il pas le meilleur argument qu'on puisse invoquer en faveur de l'existence d'une seconde assemblée, qui, comparaissant plus rarement devant les électeurs, puisse attendre du temps la justification de ses actes; qui soit pour le pouvoir exécutif un point d'appui contre les entraînements du corps électoral ou l'irréflexion d'une assemblée nombreuse, et dont la persistance assure à la politique du pays, l'esprit de suite et la stabilité qui, autrement, lui lui manqueraient?

Il serait inutile d'insister plus longtemps, car les arguments abondent, et le lecteur, avec quelque réflexion, suppléera facilement tous ceux que nous omettons. Lorsque la convention d'où est sortie la constitution des États-Unis, agita la question des deux chambres, deux voix seulement se prononcèrent pour l'unité du corps législatif. Il est vrai que les États-Unis avaient fait pendant quinze ans l'expérience d'une assemblée unique; et les conséquences de cette organisation avaient éclairé la nation sur ses désavantages. Nous pourrions invoquer ici le témoignage de tous les historiens américains; nous nous contenterons de celui de Washington.

« 17 septembre 1787.

« WASHINGTON, *Président de la Convention constituante, au Président du Congrès.*

« MONSIEUR,

« Nous avons maintenant l'honneur de soumettre à l'examen des États-Unis rassemblés en congrès, la constitution qui nous a paru la plus recommandable.

« Les amis de notre patrie ont longtemps désiré que le pouvoir de faire la guerre, la paix et les traités; celui de lever des impôts, de réglementer le commerce et les autorités exécutives et judiciaires nécessaires à cet état de choses, fussent confiés entièrement et virtuellement au gouvernement général de l'Union. Mais *l'inconvénient qu'il y avait à déléguer à un seul corps d'individus, une puissance aussi étendue est évident;* d'où résulte la nécessité d'une organisation différente. »

Il reste maintenant à discuter les objections qu'on oppose à cette division du pouvoir législalif, et à chercher comment elle peut être réalisée.

IV.

DES OBJECTIONS AU PARTAGE DU POUVOIR LÉGISLATIF.

Les considérations qui précèdent ont eu pour objet d'établir la nécessité de confier l'exercice du pouvoir législatif à deux chambres et non pas à une seule. On s'est appuyé, pour le prouver, sur les principes éternels de toute bonne organisation politique, et sur l'exemple de la confédération américaine, qui, après avoir été gouvernée pendant quinze ans par une assemblée unique, a reconnu la nécessité de partager entre deux chambres l'exercice du pouvoir législatif. Aux yeux des Américains, les avantages de cette division ont été mis hors de toute contestation par l'expérience décisive des quatre-vingts dernières années. Il ne sera point inutile, cependant, d'examiner les objections qu'on oppose à ce système.

Les partisans d'une assemblée unique repoussent toute assimilation entre la France et la Confédération américaine. Le sénat des États-Unis, disent-ils, est une réunion d'ambassadeurs plutôt qu'une chambre législative ; il est le résultat d'une transaction opérée entre les grands et les petits États de l'Union américaine. Pendant la guerre de l'Indépendance, les colonies insurgées étaient gouvernées par une assemblée unique, où elles étaient représentées proportionnellement à leur population, mais où l'on votait par État. Il en résultait que les petits États, en se coalisant, pouvaient faire et faisaient la loi aux grands États, qui supportaient la plus lourde part des charges communes. Si, au vote par État, on s'était borné à substituer le vote par tête, les grands États auraient, au contraire, annulé complétement les petits. Les législateurs américains ont été conduits, alors, à combiner les deux systèmes; ils ont introduit la représentation proportionnelle et le vote par tête dans la chambre des représentants; mais comme chaque État, quelle que soit sa population, a deux voix dans le Sénat, les petits Etats, en se réunissant, peuvent faire repousser par la seconde chambre toute mesure oppressive, pour eux, qui serait adoptée par la première. Les sénateurs ne sont donc, à vrai dire, que des ambassadeurs permanents, chargés de ratifier ou de rejeter, au nom des États, les décisions prises par les représentants. La France, qui est un Etat unique, n'est pas dans les mêmes conditions que la Confédération américaine; et l'on ne saurait établir une assimilation entre nos départements, partie intégrante et uniforme d'un tout unique, et les États de l'Union, dont chacun a son existence à part et sa législation distincte. Voilà l'objection telle qu'on la devrait présenter pour lui donner toute sa force.

Quant aux objections théoriques des partisans d'une seule chambre, elles se résument toutes dans le dilemme suivant : ou bien les deux chambres, disent-ils, seront composées des mêmes éléments, et alors elles seront animées du même esprit, elles n'exerceront pas l'une sur l'autre un contrôle réel; et l'une des deux sera un rouage inutile. Ou bien on fera entrer dans la composition des deux chambres des éléments différents, et l'une d'elles deviendra le noyau ou l'appui d'une aristocratie; et la Constitution cessera d'être une démocratie pure. On ne nous accusera pas d'affaiblir les arguments des partisans d'une assemblée unique; quelques mots suffiront à montrer qu'ils sont plus spécieux que solides.

En analysant toutes les prérogatives du sénat des

États-Unis, et en étudiant le rôle qu'il joue dans la constitution américaine, il serait facile de prouver qu'on repousse à tort une analogie qui frappe trop les esprits pour être tout à fait trompeuse. La Confédération américaine est bien autrement étroite que la Confédération helvétique ne l'est devenue, même par la mise en vigueur de la constitution du 12 septembre 1848; et le congrès a des pouvoirs bien plus étendus que les assemblées qui régissent la Suisse. L'ancienne diète helvétique était bien réellement une réunion d'ambassadeurs, mais pour ne pas voir autre chose dans le sénat des États-Unis, il faut oublier que cette assemblée exerce la plénitude du pouvoir législatif, que toutes les lois, sauf les lois d'impôts, peuvent y prendre naissance aussi bien que dans la chambre des représentants, et que chacun de ses membres a le droit d'initiative aussi bien que chacun des représentants.

Admettons toutefois qu'on soit fondé à écarter l'exemple du sénat des États-Unis; l'assimilation qu'on repousse entre une confédération d'États indépendants, comme l'Union américaine, et un État unique, comme la France, on n'est pas fondé à la contester entre les États de l'Union pris isolément, et la France. Chacun des trente-huit États de l'Union forme un tout aussi homogène que la France, et est placé dans les mêmes conditions qu'elle. Les comtés de la Virginie et du Massachusetts sont, avec les États de ce nom, dans la même relation que les départements avec la France; ce sont des parties semblables d'un même tout. L'analogie est donc complète, et l'on peut conclure d'un des termes de la comparaison à l'autre.

Si donc la division du pouvoir législatif entre deux chambres n'a pour effet que d'introduire dans la constitution un rouage inutile, cet inconvénient sera bien plus sensible dans les États de l'Union américaine, dont le plus considérable, l'État de New-York, ne compte pas plus de 3 millions et demi d'habitants. L'inutilité de la seconde chambre devrait, ici, être manifeste. Remarquons, en outre, qu'avant la révolution les colonies étaient administrées par un gouverneur désigné par le roi ou élu par la colonie, suivant les localités, et par un conseil colonial, produit de l'élection. Toutes les colonies étaient donc façonnées de longue main au système qu'on préconise pour la France ; elles étaient habituées à voir le pouvoir exécutif entre les mains d'un seul homme et le pouvoir législatif entre les mains d'une seule chambre.

Le premier usage que les colonies firent de leur indépendance fut de se donner une constitution, et presque toutes s'accordèrent à substituer deux chambres à l'assemblée unique qui les avait régies jusque-là. On peut être certain que si l'expérience de plus de quatre-vingts ans avait fait reconnaître l'inutilité de la seconde chambre, les Américains n'auraient pas manqué de la supprimer, ne fût-ce que par économie, attendu que le traitement des membres du corps législatif forme une des charges notables de leur budget. Qu'est-il arrivé cependant ? Depuis 1790, il n'est pas un seul État qui n'ait révisé sa constitution, quelques-uns en sont à la seconde ou même à la troisième révision ; il n'en est pas un seul qui n'ait maintenu la division du corps législatif en deux chambres. Dira-t-on que ces révisions remontent à des époques éloignées ? C'est en 1846 que l'État de New-York a adopté sa constitution actuelle, les débats de la convention d'où est sortie cette constitution ont été publiés. Il n'est qu'une seule question qui n'ait point soulevé de discussion sérieuse, c'est le maintien des deux chambres, tout le monde s'étant accordé à reconnaître que c'était le fondement de toute bonne constitution.

On ne saurait dire que les membres de la convention de New-York aient cédé au respect que les Américains ont pour les institutions qui sont enracinées chez eux ; car cette convention a refondu complétement les institutions de New-York, et en a fait les institutions les plus démocratiques de l'Union américaine. La coexistence de deux chambres parallèles est le seul point qu'on n'ait ni atteint, ni songé à atteindre.

Mais voici qui est plus concluant encore. Tous les

États de l'Union, qui se sont formés depuis l'Indépendance, ont adopté, comme base de leur constitution, le principe de la division du corps législatif; mais parmi les treize États primitifs, il en était deux qui n'avaient qu'une seule assemblée. Le Vermont en 1836, la Pensylvanie en 1838 ont nommé des conventions constituantes dont le premier acte a été de substituer un sénat et une chambre des députés à l'assemblée unique de la constitution précédente. L'une et l'autre convention ont été conduites à cette réforme par l'expérience qui avait montré au peuple qu'une assemblée unique était perpétuellement entraînée à empiéter sur la liberté et les droits des citoyens ; et n'offrait pas des garanties suffisantes d'une bonne législation.

Les citoyens du Vermont et de la Pensylvanie ont pensé comme leurs représentants, puisqu'ils ont ratifié les constitutions nouvelles. Si une population de 2 millions d'âmes, comme celle de la Pensylvanie, a reconnu par l'expérience que sa liberté ne pouvait être assurée, ni ses affaires bien faites avec une seule chambre, n'appréhendera-t-on pas de remettre à une seule assemblée les destinées de 35 millions d'hommes ? Ne vaut-il pas mieux profiter de l'expérience d'autrui que de faire courir à la France les risques d'une nouvelle épreuve ?

Il ne sera pas inutile d'exposer ici l'organisation et la composition des divers sénats d'Amérique. Dans tous les États, comme pour la confédération elle-même, le sénat exerce la plénitude du pouvoir législatif ; il a par lui-même et par chacun de ses membres, le droit d'initiative, excepté en matière d'impôts ; il a, de plus que la chambre des représentants, le privilége de concourir avec le gouverneur, chef du pouvoir exécutif, à la nomination aux emplois, toute nomination importante devant être confirmée par lui ; enfin, il est la haute cour politique devant laquelle la chambre des représentants doit poursuivre les fonctionnaires prévaricateurs. Le sénat, dans les institutions américaines, est donc essentiellement un élément de contrôle, puisque les actes de l'autre chambre, les actes du pouvoir exécutif et ceux des fonctionnaires tombent nécessairement sous sa surveillance ou sa censure.

Les membres de la chambre des représentants au congrès des États-Unis sont nommés individuellement, par des circonscriptions spéciales, établies au sein des États, et par le suffrage universel. Les membres du sénat des États-Unis sont élus par la législature de l'État qu'ils représentent, soit que les deux chambres se réunissent en une assemblée électorale, soit que le sénateur doive obtenir la majorité dans chacune des deux chambres de l'État qu'il représente. L'une des deux chambres du Congrès est donc le produit du suffrage direct; l'autre, de l'élection à deux degrés.

Les sénats des États ne sortent pas tous, comme celui de l'Union, d'une combinaison territoriale. Les États sont subdivisés en comtés qui répondent à nos arrondissements, et, dans un certain nombre d'États, les sénateurs sont élus par les comtés, les représentants ou députés par les communes. Mais, dans beaucoup d'États, la constitution règle qu'il y aura un sénateur ou un représentant par chaque agglomération de tant d'âmes; et la législature, après chaque recensement, fixe, pour la nomination des membres des deux chambres, des circonscriptions tout à fait artificielles.

Quelques constitutions, mais en petit nombre, mettaient autrefois une différence dans le cens électoral ou dans le cens d'éligibilité exigé pour les deux chambres, soit que les membres du sénat, soit que leurs électeurs dussent être plus imposés que les membres ou les électeurs de la chambre des représentants. Mais il y a, entre les deux chambres, quatre différences qui se retrouvent dans toutes ou presque toutes les constitutions; elles portent sur l'âge des élus, sur leur nombre, la durée de leurs fonctions et le mode de leur renouvellement. Partout où la constitution exige vingt-un ans ou vingt-cinq ans pour être éligible à la chambre des députés, elle exige vingt-cinq ans ou trente ans pour le sénat. Le nombre des sénateurs ne dépasse nulle part le tiers du nombre des députés : ils sont élus pour un temps double ou triple, pour deux ou trois ans là où la Chambre des députés est annuelle, pour quatre ou pour six là où elle est bisannuelle. Le sénat, suivant qu'il a une durée double ou triple de celle de l'autre chambre, se renouvelle par moitié ou par tiers ; la chambre des députés est toujours renouvelée intégralement.

Nous avons déjà dit que, dans tous les États de l'Union, les pouvoirs des deux chambres étaient parfaitement égaux; il est donc évident que les différences qui existent entre ces deux chambres sont purement artificielles, en ce qu'elles ne portent pas sur les qualifications exigées pour faire partie de l'une ou de l'autre, mais sont exclusivement le fait de la loi. Ni la naissance, ni la richesse, ni la capacité n'entrent pour rien dans la composition de l'une ou de l'autre chambre, et la différence d'âge est à peu près insignifiante, la plupart des élus dépassant de beaucoup l'âge minimum. Il est donc impossible de rapprocher davantage les éléments qui entrent dans la composition de deux assemblées parallèles : cependant on n'a reconnu nulle part, aux États-Unis, que cette similitude dans la composition des deux chambres, ait eu pour effet de rendre illusoire le contrôle d'une chambre sur l'autre, ni que ce contrôle ait produit autre chose que de bons effets.

Ainsi que nous l'avons démontré par les faits, le principe de la division du pouvoir législatif, loin de perdre du terrain aux États-Unis, n'a fait qu'en gagner à mesure que l'expérience est devenue plus complète. L'interprète le plus autorisé des lois américaines, le juge Story, portait le défi qu'on trouvât dans toute l'Union un homme sensé qui consentît à la suppression du sénat des États-Unis.

Aux arguments que fournit l'examen des institutions américaines, il serait facile d'en ajouter d'autres, que l'on puiserait dans l'histoire de la Suisse. Lorsque ce pays, au sortir d'une guerre civile, a senti le besoin de resserrer les liens qui unissaient entr'eux les cantons, et d'accroître la force et l'action du gouvernement central, il a eu soin, en même temps, de partager entre deux chambres le pouvoir législatif fédéral dont il augmentait les attributions et l'autorité aux dépens des gouvernements cantonaux. La constitution de 1848 a donc institué deux chambres : le Conseil d'Etat qui se compose de deux conseillers par canton, et le Conseil national, élu à raison d'un député par vingt mille âmes de population ; mais elle n'a établi aucune différence dans les conditions exigées pour siéger dans l'une ou l'autre chambre. Celles-ci ne diffèrent entr'elles que par le nombre de leurs membres, et par la base de l'élection qui, pour l'une, est le territoire et, pour l'autre, la population. Néanmoins, ce régime a donné de bons résultats, et personne, en Suisse, ne demande qu'il y soit apporté de modifications.

L'exemple des États-Unis et de la Suisse peut paraître une réponse suffisante au dilemme des partisans d'une chambre unique qui veulent qu'un sénat soit forcément ou un rouage inutile ou une institution aristocratique, selon qu'il sera composé d'éléments similaires ou différents de ceux de la chambre des députés. Mais remarquons que ce prétendu dilemme n'en est pas un, et qu'il ne serait concluant qu'autant qu'on ne pourrait éviter un des inconvénients qu'il signale, sans tomber dans l'autre. L'argument tant vanté des partisans d'une chambre unique n'a donc, en réalité, d'autre portée que d'indiquer les deux conditions auxquelles il faut satisfaire pour constituer utilement la seconde chambre. Ces deux conditions, pour être contradictoires en apparence, n'en peuvent pas moins être remplies simultanément. On peut, et les États-Unis en ont donné l'exemple, composer les deux chambres de manière à rendre efficace le contrôle de l'une sur l'autre, et assurer au pays une bonne et sérieuse révision des lois, tout en laissant intacte la souveraineté du peuple. Il suffit, en faisant entrer dans la composition des deux chambres des éléments différents, de donner à toutes les deux la même source et la même origine.

Il n'est pas nécessaire, en effet, d'importer en France le sénat de Belgique, qu'on pourrait qualifier d'institution aristocratique à cause de la différence considérable de cens qui existe entre les deux chambres belges, et qui restreint singulièrement le nombre des éligibles aux fonctions de sénateur. Une assemblée législative ne peut devenir l'appui d'une aristocratie ou ne peut servir à en reconstituer une qu'autant qu'une portion seule de la société concourt particulièrement à la former ou à l'élire.

N'exigeons aucun cens électoral pour l'une ou l'autre chambre afin de ne pas toucher au suffrage universel; n'exigeons aucun cens d'éligibilité afin de ne restreindre en rien le choix souverain des électeurs: si tous les citoyens, sans exception, peuvent également entrer dans les deux chambres, et concourent à l'élection de toutes les deux, aucune classe de la société n'aura ni plus de facilité, ni plus d'intérêt à dominer dans l'une ou dans l'autre. C'est en dehors de la qualification des personnes qu'il faut, à l'exemple des États-Unis, chercher les différences à introduire entre les deux chambres. Qu'on entre dans l'une à vingt-cinq ans, dans l'autre à trente-cinq, que l'une dure trois années et l'autre six ou neuf années, que l'une soit composée de six cents ou sept cents membres et l'autre de deux cents; et immédiatement vous avez deux assemblées d'un aspect différent, placées dans des conditions différentes, sans que ni l'une ni l'autre représente des intérêts distincts, auxquels elle soit tentée de sacrifier ou la liberté ou les intérêts de la communauté.

Est-il besoin de dire que la révision des lois et surtout des traités, n'est sérieuse, et n'est même possible qu'avec une assemblée peu nombreuse ? La constitution de 1848 soumettait les traités à l'examen et à la ratification de l'assemblée nationale : cet examen des traités ne saurait utilement avoir lieu qu'en comité secret, et peut-on se faire illusion au point de croire que le secret indispensable pourrait être gardé avec une assemblée de 750 membres ? N'est-il pas évident d'ailleurs que l'adoption ou le rejet des traités, surtout de ceux qui entraîneront, comme conséquence, des réformes douanières, deviendra une affaire d'intérêt ou l'occasion de luttes de partis ? Une assemblée peu nombreuse, comme le sénat des États-Unis, échappe à tous ces inconvénients, et l'influence décisive y est promptement conquise par les hommes les plus compétents.

Il est une autre considération qu'on ne saurait négliger, c'est que le jugement politique, quelquefois nécessaire, n'est possible qu'avec deux chambres. La constitution de 1848 avait cherché à y pourvoir par la création d'un jury national ; le sort devait désigner, parmi les membres des Conseils généraux, ceux qui auraient eu à remplir les fonctions de jurés. Comme la mise en accusation d'un membre du gouvernement, et surtout du chef du pouvoir exécutif, ne peut manquer de produire dans un pays une agitation profonde, il était à prévoir que, parmi les jurés, plus d'un, par scrupule de conscience ou par crainte des vengeances politiques, chercherait à se soustraire à cette responsabilité redoutable, tandis que les hommes de parti l'encourraient avec joie. Rien d'ailleurs n'assurait que les membres du jury national, désignés par le sort, réuniraient les conditions indispensables d'indépendance et de lumières. Au contraire, l'attribution au sénat des États-Unis des jugements politiques, en donnant à l'accusé les garanties auxquelles il a droit, permet de faire, comme il convient, la part du pouvoir judiciaire et la part de la politique. C'est un corps politique qui prononce sur la conduite d'un homme politique, qui décide s'il y a lieu, oui ou non, de retirer à cet homme les fonctions qu'il remplit et de le dépouiller du privilége dont ces fonctions l'investissent. L'homme politique frappé, les tribunaux examinent ensuite, suivant les voies ordinaires, s'il y a eu, oui ou non, un délit qualifié, et qu'une pénalité doive atteindre. La part de l'équité, la part de la justice se trouvent ainsi faites successivement. Rien de semblable n'est possible avec un jury national dont le verdict souverain ne laisse à la magistrature que l'application de la peine.

Rien ne prouve mieux la nécessité de deux chambres que l'obligation où M. de Lamennais d'abord, et, sur ses traces, la commission de constitution se sont trouvés, en 1848, d'instituer à côté de l'assemblée nationale un conseil d'État, chargé de la préparation des lois. L'expérience a montré que, selon les attributions qui lui sont conférées, et la valeur des hommes qui viennent siéger dans le conseil, cette institution élastique demeure une simple commission consultative, sans prérogative sérieuse, ou devient un ressort effectif de gouvernement, absorbant, au détriment de la représentation nationale, la réalité du pouvoir législatif. Puisque les esprits les plus téméraires, lorsqu'ils passent de la théorie à la pratique, appréhendent de laisser le pouvoir législatif tout entier dans les mêmes mains, ne vaut-il pas mieux, à tous égards, accepter franchement le principe de son partage entre deux chambres que de compliquer le jeu des institutions de rouages mal définis et d'un fonctionnement incertain.

V

DES ÉLECTIONS

Il est impossible de quitter ce sujet sans dire quelques mots du mode qu'il est désirable d'adopter pour le recrutement des deux chambres entre lesquelles le pouvoir législatif devra être partagé. Il n'y a point ici de principes généraux qui puissent recevoir leur application dans tous les pays : loin de là, il n'est point de matière où il faille tenir un compte plus grand des divisions territoriales, des traditions et des habitudes prises. Le soin avec lequel on a jusqu'à présent évité de toucher, même par voie d'allusion, aux préoccupations du jour, doit céder ici à la nécessité d'arriver à des solutions précises et pratiques. A refuser d'entrer dans ces questions de détail, on encourrait le reproche de se tenir dans le vague des théories, et d'esquiver les difficultés de l'application.

Recherchons donc quel est le système électoral qu'il convient d'adopter.

Nous devons, tout d'abord, considérer comme hors de contestation, le maintien du suffrage universel et direct.

S'il était possible, par quelque miracle, de ramener la France en 1846, c'est-à-dire aux jours où la proposition de réformer le régime censitaire suffisait à passionner les esprits, et où l'adjonction des capacités était un épouvantail pour les classes dirigeantes, il serait admissible de discuter les avantages et les inconvénients du suffrage universel, et de mettre en parallèle l'élection directe et l'élection à deux degrés.

Cela n'est plus possible, après une pratique de vingt-cinq années et avec les idées ou, si l'on veut, les préjugés qui dominent les masses. La faculté de participer à la désignation des électeurs primaires ne sera jamais considérée comme une prérogative sérieuse, comme un droit effectif, par l'électeur qui aura concouru, directement et personnellement, à l'élection de ses représentants.

Qu'il puisse y avoir lieu de rechercher les moyens d'assurer la moralité, la sincérité et la liberté du suffrage universel; cela ne fait pas difficulté et ne touche pas au fond des choses. Ce sera une tâche assez malaisée que de découvrir des conditions et des vérifications qu'on ne puisse soupçonner de cacher une arrière-pensée restrictive; mais le problème n'est pas insoluble à la condition de l'aborder avec loyauté et bonne foi.

Ce qu'on doit nous accorder, c'est que le droit de suffrage devra être laissé à tous les citoyens, et qu'il continuera de s'exercer directement, au moins pour l'une des deux chambres.

Cela posé, il convient de déterminer dans quel cadre le suffrage universel s'exercera; c'est-à-dire quelles seront les circonscriptions électorales.

La première question qui se présente ici est de savoir s'il faut maintenir ou rejeter définitivement l'élection par département et au scrutin de liste.

On peut dire, à la louange du scrutin de liste, qu'il soustrait les élections, d'une façon presque absolue, aux influences illégitimes de la corruption et de la pression administrative. Il n'y a pas de candidat assez riche pour acheter ou pour enivrer un département; il n'y a point de préfet qui puisse, sans tendre à l'excès tous les ressorts administratifs, peser assez sur la volonté de cent mille électeurs, et quelquefois davantage, pour leur faire accepter toute une série de candidats.

Le scrutin de liste semble le remède le plus efficace que l'on puisse opposer aux vices du système électoral pratiqué sous l'Empire.

On reprochait, alors, aux circonscriptions électorales leur trop vaste étendue et le trop grand nombre des électeurs sur lesquels il fallait agir. Peu d'hommes, même parmi les plus honorables et les plus méritants, pouvaient se flatter d'avoir rendu assez de services, et d'avoir acquis une notoriété suffisante, pour que les suffrages de plusieurs arrondissements se portassent spontanément sur eux. Il leur fallait chercher et trouver en dehors d'eux-mêmes un point d'appui, qui ne pouvait être que l'influence administrative ou l'esprit de parti. La multiplicité des démarches personnelles à faire, la nécessité d'être représenté par des agents dans toutes les localités de quelque importance, l'obligation de faire parvenir dans toutes les communes des circulaires, des affiches, des bulletins de vote, imposaient aux candidats de lourds sacrifices de temps et d'argent. On voyait donc arriver le jour où la députation ne serait plus recherchée que par deux classes d'hommes, pour qui elle pourrait être ou une spéculation ou un marchepied, les grands industriels et les démagogues.

Le scrutin de liste qui restitue aux notabilités locales leur influence légitime, oppose à la désignation administrative un contrepoids efficace; il ouvre la porte au mérite modeste en l'affranchissant de la nécessité de se produire lui-même; et, en répartissant entre tous les candidats de la même opinion les dépenses inhérentes à toute élection, il ne fait plus de la possession d'une grande fortune la condition indispensable de toute candidature.

Le scrutin de liste offre, en outre, la solution la plus satisfaisante qu'on ait encore trouvée, pour notre pays, du problème, souvent agité, de la représentation des minorités. En effet, toute opinion ou nuance d'opinion qui dispose d'un certain nombre de voix, a chance, dans une élection générale, de voir agréer, sur une des listes en présence, un ou deux candidats qui la représentent plus particulièrement.

Enfin, il n'est pas douteux que le député, élu au scrutin de liste, jouit vis-à-vis des électeurs isolés, d'une plus grande indépendance. On ne peut attendre de lui ces visites à domicile, cette correspondance incessante, ces démarches continuelles et ces menus services que chaque électeur des circonscriptions de l'Empire se croyait en droit d'exiger de son mandataire. Le joug du clocher pèse moins lourdement sur l'homme que son passé politique, sa grande notoriété et l'étendue de ses relations personnelles désignent presque forcément au choix d'un département : on peut se demander, seulement, si les meneurs des comités électoraux, au sein desquels les listes de candidatures se préparent, ne bénéficient pas de toute l'influence que perdent les électeurs isolés ; et si la domination exerçée sur les députés ne se déplace pas plutôt qu'elle ne disparaît.

En regard des avantages qui viennent d'être signalés, il convient de placer les reproches qu'on adresse au scrutin de liste.

La première objection qu'on élève contre ce mode d'élection, c'est qu'il est un simulacre bien plus qu'une réalité. L'impossibilité où se trouve la très-grande majorité des électeurs de voter consciencieusement sur dix ou douze noms et quelquefois davantage, et la nécessité qui en résulte de donner beaucoup de votes de confiance, facilitent singulièrement le succès de l'intrigue ou de l'esprit de coterie, et font une large part au hasard. Il est notoire, d'ailleurs, que les comités électoraux s'organisent par arrondissement, et que la première condition de l'entente qui s'établit entr'eux pour former la liste générale, est que chaque arrondissement acceptera aveuglément les candidats choisis par l'arrondissement voisin. Le vote n'est donc départemental que de nom : en réalité, la désignation des candidats a toujours lieu par arrondissement. On ne changerait donc rien au véritable état des choses, et on gagnerait, sous le rapport de la sincérité, à écrire dans la loi électorale ce qui se fait dans la pratique.

On objecte encore que le scrutin de liste a pour résultat d'enlever le choix des députés aux véritables électeurs pour le conférer uniquement aux gens remuants et de loisir qui s'introduisent dans les comités. Les électeurs n'ont plus d'autre rôle que de ratifier par leur vote les désignations que les comités ont faites. Aucun candidat, si illustre qu'il puisse être, et quelques services qu'il ait pu rendre au département ou même au pays tout entier, n'a la moindre chance d'être élu, s'il n'a réussi à se faire agréer par un comité, et s'il ne figure sur une des listes départementales. Les électeurs perdent, en effet, leur libre arbitre : ils sont contraints d'accepter les listes, telles qu'elles leur sont présentées, parce que tout suffrage isolé est absolument perdu.

Un autre inconvénient du scrutin de liste est qu'il n'assure pas la représentation de tous les intérêts, même dans les départements qui comptent plusieurs villes importantes. Supposons que les agitations politiques soient un peu calmées, que les questions d'affaires aient reconquis le premier rang dans les préoccupations publiques ; et que la révision du tarif des douanes revienne à l'ordre du jour ; Rouen, Elbeuf, Bolbec, Yvetot, en se coalisant, pourraient composer de quinze industriels la députation de la Seine-Inférieure, et les intérêts maritimes ne seraient pas représentés dans un département où se trouvent le Havre, Dieppe et Fécamp. De même, la coalition toute naturelle de Lille avec Tourcoing, Roubaix et Valenciennes pourrait composer exclusivement d'industriels la députation du Nord, qui tient le premier rang parmi les départements agricoles. Il peut donc arriver, par l'effet du scrutin de liste, que des intérêts très-considérables se trouvent exclus de la représentation nationale, et exposés à être sacrifiés. Remarquez que l'on prend ici pour exemples les deux départements les plus populeux de France. Que serait-ce dans les départements qui, avec une population faible ou moyenne, contiennent une grande ville. Ne voit-on pas Bordeaux nommer les députés de la Gironde, Marseille, ceux des Bouches-du-Rhône, et Lyon, ceux du Rhône, sans que la lutte soit possible pour un candidat qui réunirait l'unanimité des suffrages dans le reste du département.

Enfin l'expérience a montré que le scrutin de liste rend les élections partielles impossibles.

Tous les inconvénients que l'on a pu reprocher aux circonscriptions de l'Empire, se reproduisent avec plus de force et d'intensité lorsqu'il faut demander à un département entier de voter pour un seul député.

Les dépenses de l'élection deviennent tellement considérables que l'on décide malaisément un candidat à les affronter; et ceux-là seulement sont disposés à se mettre en avant que la faveur publique n'irait pas chercher. Les dissentiments se donnent carrière, et la victoire appartient, non pas à l'opinion la plus nombreuse, mais à celle qui est la plus disciplinée, et qui sait le mieux faire taire les préférences personnelles. Il y a là une question qui mérite un sérieux examen. On ne peut réduire tellement la durée des assemblées qu'il devienne indifférent de laisser quelques siéges sans être remplis. Personne ne proposerait de faire descendre, au-dessous de deux années, la durée d'une assemblée; et tous les esprits sages pensent avec raison qu'il est impossible de condamner la France à subir, tous les deux ans, l'épreuve d'une élection générale. Il faut donc prévoir que des vacances se produiront au sein de la représentation nationale; et il faut reconnaître que le scrutin de liste ne permet pas de pourvoir à ces vacances d'une façon satisfaisante.

Il faut donc revenir à l'arrondissement comme base de l'élection.

Ce serait une tentative vaine que de chercher encore une combinaison intermédiaire entre le département et l'arrondissement. Les circonscriptions artificielles ne satisferont jamais l'opinion publique et ne sauraient conquérir une place dans les idées et les habitudes du corps électoral. L'un des objets les plus essentiels de toute élection étant d'assurer la représentation des intérêts, il faut nécessairement tenir compte de la façon dont les intérêts se groupent. Or, on ne peut méconnaître qu'une habitude de quatre-vingts années, les relations d'affaires et les rapports administratifs ont créé, entre toutes les communes et tous les habitants d'un même arrondissement, des liens d'affection et une certaine communauté d'intérêts et d'aspirations que les chemins de fer eux-mêmes, malgré la perturbation qu'ils ont jetée dans les communications, n'ont pas sérieusement ébranlés.

L'arrondissement a une délimitation indiscutable, connue et acceptée de tous : et, comme ressort administratif, judiciaire et financier, il a acquis dans les idées des populations, par la pratique de tous les jours, une existence propre et une sorte de personnalité qui n'appartiendront jamais à une circonscription artificielle, œuvre arbitraire du législateur. Quelle base adopter, d'ailleurs, pour en déterminer l'étendue ? Les circonscriptions de l'Empire, qui avaient pour unique objet l'élection des députés, avaient pour base le chiffre des électeurs : leur étendue variait donc avec la densité de la population : à peu d'exceptions près, elles comprenaient plusieurs arrondissements, et quelques-unes embrassaient même un département tout entier.

On leur reprochait cette grande étendue qui faisait peser sur un seul mandataire la défense d'intérêts trop considérables et trop divers : d'ardentes compétitions s'élevaient entre les arrondissements réunis malgré eux ; et ceux qui avaient été partagés entre deux circonscriptions se plaignaient d'être sacrifiés à leurs voisins, demeurés intacts.

Les remaniements arbitraires qui précédaient chaque élection générale, achevaient d'enlever aux circonscriptions toute fixité et tout caractère sérieux. On ne remédiera qu'en partie à cet inconvénient, en faisant déterminer les circonscriptions par une loi. On fera ainsi disparaître le caractère arbitraire des remaniements, mais on ne pourra se soustraire à la nécessité de suivre les mouvements de la population; et on n'obtiendra pas la stabilité désirable.

Il faut donc arriver à donner à la circonscription électorale une base qui réponde au groupement des intérêts, qui soit fixe et qui n'ait rien d'arbitraire, caractères qu'on ne rencontre que dans les divisions permanentes du territoire. Ce ne peut être le département, c'est donc l'arrondissement qu'il faut adopter.

Une objection grave s'élève, toutefois, contre le choix de l'arrondissement. Une pratique de vingt années a fait reconnaître ce qu'il y avait d'équitable dans le système électoral introduit par l'Empire. En prenant la population électorale pour base de la circonscription, on obtenait pour résultat de donner aux intérêts, au sein du corps législatif, une représentation proportionnelle à leur importance. Nous avons eu occasion de faire remarquer ailleurs(1) que si l'on se bornait à faire élire un député par arrondissement, on arriverait à créer des inégalités monstrueuses. Les départements des Hautes-Alpes et des Basses-Alpes nommeraient, à eux deux, un député de plus que le département du Nord qui compte 1,600,000 habitants et qui paie un quinzième des contributions de toute la France. Il est inadmissible que l'arrondissement de Barcelonnette, avec une population de 15,000 âmes, nomme un député, et que l'arrondissement de Lille, avec 528,000 habitants, n'en nomme également qu'un seul.

Cette objection serait péremptoire s'il n'était possible de rétablir l'égalité, en combinant à la fois les divisions territoriales et la population. On peut donner à ces collectivités permanentes d'intérêts, qui s'appellent les arrondissements, la satisfaction qu'elles réclament, chaque fois que la législation électorale est remise en question; et l'on

(1) La Constitution de 1852. *Les Questions pendantes*, p. 320.

peut, en même temps, tenir des différences de population le compte que l'équité exige.

On devrait donc, dans cet ordre d'idées, attribuer un député à tout arrondissement, quelle que soit sa population, afin qu'aucun intérêt ne puisse se plaindre de n'être pas représenté.

Au-dessus de 20,000 électeurs, un arrondissement aurait droit à un député de plus par chaque nombre de 20,000, ou fraction de ce nombre; mais cet arrondissement devrait demeurer intact. C'est au scrutin de liste qu'il élirait les deux ou les trois députés qui lui seraient attribués. Les objections que l'on adresse au scrutin de liste, lorsqu'il doit porter sur huit ou dix noms, ne peuvent s'appliquer ici. L'exemple de l'Angleterre, où les bourgs nomment presque tous deux députés, et où certains comtés en nomment trois et même quatre, suffirait à prouver que ce mode d'élection entrerait aisément dans les habitudes des populations. Il aurait pour avantage de respecter l'intégrité des arrondissements, de ne point séparer des intérêts qui doivent demeurer unis, de ne laisser aucune prise à l'arbitraire, et de prévenir les plaintes auxquelles tout morcellement donnera lieu. En même temps, chaque circonscription pèsera dans la balance législative proportionnellement à la place qu'elle occupe dans le pays (1).

Le recrutement de la chambre des députés devrait donc avoir pour base les divisions du territoire, et pour coefficient la population électorale. Il s'agit, maintenant, de déterminer par quelle voie se recruterait la seconde chambre ou le sénat.

Le sénat doit nécessairement être électif : s'il est un point qu'on puisse déjà considérer comme indiscutable,

(1) Ce système est celui qui a été adopté par la Belgique, où les arrondissements qui, à raison de leur population, ont droit à deux députés ou davantage, les élisent au scrutin de liste.

c'est que les deux chambres, pour avoir, aux yeux de la nation, le même degré d'autorité morale, doivent procéder de la même source : l'élection. Il ne peut plus être question d'introduire dans l'organisation politique de la France, une chambre, soit temporaire, soit même viagère, qui serait nommée par le chef du pouvoir exécutif, sans la participation du pays. On aurait beau fixer à un chiffre invariable le nombre des sénateurs, et déterminer avec un soin rigoureux les catégories dans lesquelles les choix du pouvoir exécutif devraient être circonscrits ; on ne corrigerait pas le vice originaire qui condamnerait cette assemblée à l'impuissance. « S'il est un fait consacré par l'expérience, écrivions-nous, il y a quelques années, c'est l'infériorité fatale d'une chambre nommée vis-à-vis d'une chambre élue. L'hérédité dont la pairie était investie, sous la Restauration, ne suffisait pas à rétablir la balance entre les deux chambres, et, sous le gouvernement de Juillet, l'équilibre fut définitivement rompu. L'inégalité serait plus flagrante en face d'une chambre issue du suffrage universel (1). »

C'est du mode d'élection que doivent dériver les différences qu'il est désirable d'établir entre les deux chambres, pour que le contrôle qu'elles exerceront l'une sur l'autre soit efficace. Les élections à la Chambre des députés ayant pour base l'arrondissement combiné avec la population, il conviendrait de donner pour base aux élections pour le Sénat, le département qui est devenu en France, l'unité territoriale, et de faire ainsi des sénateurs les représentants d'une collectivité d'intérêts plus importante que l'arrondissement, mais permanente comme lui.

Ce qui a été dit plus haut de la personnalité acquise par l'arrondissement s'applique avec bien plus de force et de vérité au département ; et rien ne prouve mieux en même temps, à quelle impuissance est condamnée toute œuvre législative qui ne tient pas compte des mœurs et des

---

(1) Histoire de la Constitution de 1852. *Les Questions pendantes*, p. 309.

tendances naturelles des populations. Le département a été imaginé pour effacer jusqu'au souvenir des anciennes provinces; pour détruire les traditions et les influences qui pouvaient se rattacher aux anciennes communautés d'existence, d'usages et de droits particuliers. Les départements ne devaient être, aux termes de l'instruction générale du 12 janvier 1790, « que des sections du même tout, qu'une administration uniforme devait embrasser dans un régime commun. » Simple division territoriale créée pour la commodité de l'administration, empruntant son nom et paraissant emprunter son origine aux accidents géographiques, le département, dans la pensée du législateur, ne devait jamais aspirer à l'existence propre de la province, devenir, comme celle-ci l'avait été, un groupe d'intérêts, et donner naissance à un esprit départemental.

Tentative impuissante, parce qu'elle allait contre la force des choses, en voulant contraindre à l'isolement les intérêts, dont la tendance naturelle et le besoin sont de se grouper et de faire cause commune.

Au bout de quelques années d'existence, le département devenait une personne civile, il avait ses propriétés et ses charges, il avait son budget, et, bientôt après, dans le conseil général, son assemblée délibérante dont les attributions n'ont cessé de s'accroître.

Le département est donc l'héritier de la province qu'il fait revivre sous un autre nom et avec d'autres limites, mais dans des conditions presque semblables; et il joue, en France, par rapport à l'ensemble de la nation, le rôle de l'État isolé vis-à-vis de l'Union américaine, et du canton vis-à-vis de la Confédération helvétique.

Le département, embrassant une surface plus étendue que l'arrondissement, correspond à des intérêts plus considérables, d'un ordre plus élevé et se rapprochant davantage des intérêts généraux. A le prendre pour base des élections au Sénat, on ferait naître immédiatement une différence profonde entre les deux chambres, dont l'une représenterait l'esprit de localité, avec toute la vivacité de ses exigences, et dont l'autre s'inspirerait davantage de l'intérêt général.

La différence qui en résulterait entre les deux Chambres, quant à l'esprit qui dominerait dans chacune d'elles, serait assez sensible pour qu'on puisse penser qu'il suffirait de faire élire directement les sénateurs par le suffrage universel, à raison de deux par département. La principale des objections que l'on dirige contre le scrutin de liste ne serait point applicable à ce mode d'élection : on ne prétendra pas que les électeurs ne puissent écrire, en connaissance de cause, deux noms sur un bulletin; mais les autres objections subsistent dans toute leur force.

Trouverait-on, même avec la perspective d'un mandat de quelque durée, beaucoup d'hommes disposés à accepter les fatigues et les dépenses d'une lutte électorale qui devrait embrasser un département tout entier? Ne serait-ce pas faire la part trop belle à la fortune ou à l'influence administrative? L'expérience ne nous montre-t-elle pas ce que devient l'élection départementale, lorsqu'elle porte sur des noms isolés?

La fréquence et la multiplicité des élections sont des causes de défaveur pour le régime républicain : les masses se fatiguent de cette agitation continuelle qui leur paraît stérile; et elles désertent le scrutin. Il y a donc intérêt à ne pas ajouter une élection de plus à toutes celles qui appellent le citoyen hors de chez lui, et le mettent en butte à la propagande des agents électoraux.

On peut invoquer encore des considérations plus hautes. La différence essentielle entre les deux chambres doit résulter de leur composition. Il y a un intérêt politique et même un intérêt national, à assurer au recrutement du Sénat le niveau le plus élevé; et cet objet ne nous paraît pouvoir être atteint que par l'élévation du corps électoral, qui choisira les sénateurs. Nous avons déjà établi que dans une démocratie comme la nôtre, passionnément éprise de l'égalité, il n'était pas possible de créer des catégories politiques. On ne saurait, non plus, constituer un corps électoral spécial, sans créer des catégories entre les électeurs, et sans toucher au suffrage universel.

Plus on creuse ce sujet, en tenant compte tout à la fois du but à atteindre et des conditions à remplir, plus on arrive à se convaincre que la meilleure solution est de demander la nomination des sénateurs aux conseils généraux. Le suffrage universel, dont les conseils généraux sont issus, demeurerait donc la source primordiale de l'autorité du sénat. Les deux reproches qu'on adresse avec raison au système de l'élection à deux degrés : l'inégalité apparente et momentanée qu'il crée entre les électeurs des deux degrés, et l'irresponsabilité de l'électeur primaire qui, après avoir déposé son bulletin, se confond dans la foule dont il est sorti, ne seraient point applicables à la nomination des sénateurs par les conseillers généraux. Les assemblées départementales seraient simplement investies d'une attribution de plus, et elles seraient responsables de leurs choix devant l'opinion publique. On ne saurait, sans contredit, imaginer un corps électoral plus capable d'apprécier les besoins et les vœux du département, et réunissant à un plus haut degré les conditions d'indépendance personnelle, d'expérience et de lumières qui peuvent assurer de bons choix. A supposer même que l'amour-propre local dût avoir sa part d'influence sur les désignations que feraient les conseils généraux, on ne pourrait que s'en applaudir, comme de tout ce qui profite au talent et au mérite.

Le principal avantage de ce mode d'élection serait d'ouvrir la porte de la législature aux hommes éminents que notre système électoral écartera inévitablement des affaires. Le suffrage universel et la fréquence des élections entraînent forcément une perpétuelle mobilité dans le personnel de la représentation nationale. Il arrive d'abord que les hommes qui ont un grand nom, qui sont en possession de l'estime publique, et qui ont toujours pris part aux affaires, pénètrent dans la représentation nationale sans grand effort, et comme en vertu de droits acquis, et ils s'y maintiennent à travers les réélections successives, tandis que tout le reste se renouvelle. Il en résulte pour les hommes de marque un accroissement d'influence et d'autorité; mais une réaction ne tarde pas à s'opérer : les partis emploient tous leurs efforts à exercer une sorte d'ostracisme sur les chefs des partis opposés; et les hommes éminents, à mesure que la mort ou la chance des élections les bannit de l'arène politique, ne sont point remplacés. Aucun homme impartial ou qui ait réfléchi, ne contestera que l'essence de la démocratie ne soit l'esprit d'égalité, et que cet esprit d'égalité n'engendre inévitablement l'envie, c'est-à-dire la haine de toute supériorité. On a déjà vu un parti, dans les élections de 1848, se faire une arme de l'envie et conseiller aux ouvriers de ne nommer que des ouvriers, aux paysans de ne nommer que des paysans. On est fondé à dire que, même dans le silence des passions et des partis, l'instinct de l'égalité, développé à la longue par l'esprit démocratique, exagéré par l'appréhension de servir de marchepied à l'ambition d'autrui, aura pour conséquence de bannir de la représentation nationale tout homme de valeur et en état par cela même d'exciter quelque jalousie. Nous avons le droit, ici encore, de faire appel à l'expérience des États-Unis ; il est remarquable, en effet, que depuis quatre-vingts ans la chambre des représentants, issue du suffrage universel et direct, n'a produit aucun talent d'orateur ou d'homme d'Etat; il n'est que deux hommes de grande valeur qui aient réussi à y pénétrer, M. Clay et le vénérable John Quincy Adams, qui a été président, encore n'ont-ils fait qu'y passer. Tous les publicistes ont constaté ce fait remarquable, et s'accordent à le signaler comme une conséquence de l'esprit démocratique.

Il est aisé de comprendre, d'ailleurs, qu'un homme de valeur, animé d'une légitime fierté, ayant formé ses convictions par la réflexion et l'étude, y regardera à deux fois avant de compromettre une réputation déjà faite, une position acquise, dans une lutte électorale, avec la presque certitude d'être battu par les médiocrités qui n'hésiteront pas à flatter les passions ou les préjugés de la foule. L'assurance du succès ne suffirait même pas à vaincre les appréhensions d'un homme éminent, car la fréquence des élections lui ferait appréhender de n'avoir pas le temps de montrer ce qu'il est et de justifier la préférence que les électeurs lui auraient donnée.

Il est donc à craindre que les hommes d'une valeur réelle, après quelques tentatives, ne s'éloignent peu à peu d'une lice où les avantages seront toujours du côté de ceux qui, avec l'esprit d'intrigue, auront du temps à donner aux brigues et aux courses électorales, et pour qui l'insuccès sera une contrariété, mais non pas un échec.

Les chances sont plus égales pour le mérite lorsqu'il y a deux chambres, surtout lorsqu'elles ont pour origine des combinaisons électorales différentes. Si la chambre des représentants aux États-Unis a toujours été d'une stérilité presque complète, le sénat, au contraire, a presque continuellement renfermé dans son sein tous les hommes éminents de l'Union, non pas l'un après l'autre, mais simultanément. Il est peu d'assemblées européennes qui aient présenté une réunion de talents aussi divers et aussi distingués que le sénat des États-Unis depuis sa création. Chaque fois qu'un homme de premier ordre se produit dans un État, la législature de cet État tient à honneur de l'avoir pour représentant dans le sénat fédéral. Les chances des élections ont bien souvent tourné dans tous les États de l'Union; on a vu cependant, pendant plus de vingt-cinq ans, le Missouri envoyer au sénat américain le colonel Benton, la Caroline du Sud M. Calhoun, le Kentucky M. Clay. Dès que le Michigan exista comme État, il choisit pour sénateur le général Cass, qui fut invariablement réélu tant qu'il vécut; Daniel Webster siégea plus de vingt ans au sénat pour le Massachusetts. Lorsqu'en 1845 il annonça à ses commettants qu'atteint par des revers de fortune, il se trouvait obligé de quitter son siége dans le sénat, pour redemander au barreau une existence indépendante, on s'informa, auprès d'un de ses amis, du chiffre de son revenu lorsqu'il avait abandonné le barreau pour aller siéger à Washington ; et une souscription ouverte à Boston et dans tout le Massachusetts produisit en quelques jours e capital nécessaire pour rendre à M. Webster, à titre d'hommage public, le revenu qu'il avait sacrifié à son mandat.

Il y avait dans le Massachusetts, comme dans tous les États, des divisions de parti, mais les adversaires politiques de M. Webster, dans la législature de son État natal, n'osèrent jamais enlever à leurs concitoyens l'honneur d'avoir pour représentant au sein du sénat le plus grand orateur des États-Unis : tant il est vrai qu'un corps électoral restreint domine plus facilement les entrainements de l'esprit de parti.

L'existence d'une seconde chambre, avec des garanties plus grandes d'impartialité dans la lutte électorale, avec une réélection moins fréquente, assurerait à la représentation nationale le concours de tous les hommes éminents du pays qui ne seraient plus écartés par le nombre et la difficulté des démarches à faire et par la brièveté du mandat. En même temps, cette durée plus longue du mandat sénatorial et son renouvellement plus certain encourageraient les esprits d'élite, une fois arrivés au sénat, à se consacrer à la vie publique, contribueraient à former des hommes d'État, et seraient un moyen de donner à la politique du pays cet esprit de suite et cette persistance, sans lesquels les plus grands États sont condamnés à l'impuissance et à l'avortement, au milieu d'une agitation stérile.

Ayons, nous aussi, un sénat où la réunion de tous les hommes que l'éclat des services, le talent ou l'expérience investissent d'une légitime autorité assurera une discussion intelligente et élevée de toutes les questions qui pourront être soulevées par un traité ou par une loi importante. Il arriverait bien vite en France ce qui s'est produit aux États-Unis, c'est que les luttes de parti, avec leurs débats orageux et inféconds, se concentreraient dans la chambre la plus nombreuse et la plus rapprochée du suffrage universel, et ne feraient que rarement leur apparition au sénat. Alors, nous aurions véritablement ce qui a toujours manqué à nos institutions, un élément modérateur, investi d'une autorité morale assez grande pour résister aux entraînements populaires, et pour balancer la force que l'élection directe donne toujours à une assemblée.

Il va sans dire que le sénat ne perdrait pas ce caractère, parce qu'à côté des élus des conseils généraux, la loi appellerait à y siéger les cardinaux français, les maréchaux et amiraux, et un représentant de chacune des sections de l'Institut. Ce petit nombre de membres de droit, arrivés tous à une élévation qui leur assure la plus complète indépendance, ajouterait à l'éclat du sénat sans rien ôter à sa liberté et à son autorité.

Signalons quelques conditions qu'il serait utile d'imposer aux membres des deux chambres. La première serait l'obligation, pour être éligible au sénat ou à la chambre des députés, d'avoir son domicile ou de payer une contribution dans le département qu'on aspirerait à représenter. La France est le seul pays où la loi n'exige pas l'existence d'un lien semblable entre le mandataire et les électeurs : encore cette ubiquité électorale n'existait-elle pas sous la première république.

La constitution américaine exige expressément le domicile comme condition d'éligibilité à l'une ou à l'autre des chambres du Congrès, et Washington lui-même, n'aurait pas été éligible en dehors de son État natal, la Virginie. La règle du domicile régit également les élections intérieures des États. Il en est de même de la Confédération Helvétique, où il faut être citoyen d'un canton pour avoir droit de le représenter au sein du parlement fédéral.

On ne peut exiger qu'un sénateur ou un député soit personnellement connu de tous les électeurs qu'il représente ; mais le moins qu'on puisse demander, c'est qu'il ait, avec eux, une certaine communauté d'intérêts. Il ne faut pas qu'il flotte sur la mer du suffrage universel comme une de ces épaves qu'une vague amène de régions inconnues, et que la vague suivante emporte avec elle.

Il est une autre règle qu'il importe d'introduire dans notre législation électorale; c'est l'incompatibilité des fonctions électives entre elles. Sous un régime démocratique, la sagesse commande de ne pas laisser concentrer dans les mêmes mains plusieurs fonctions dont chacune peut être un honneur et un objet d'ambition pour un citoyen. Plus il y aura de citoyens appelés à la vie publique, plus il y aura d'ambitions satisfaites, et moins les passions mauvaises et les jalousies mesquines auront d'action sur le suffrage universel. Il est, d'ailleurs, évident que cette réunion de plusieurs fonctions nuit à la façon dont chacune d'elles est remplie, que les plus modestes ne sont recherchées que comme un marche-pied pour obtenir les autres, et que, le but atteint, elles sont négligées. La France est le seul pays où la loi tolère le cumul des fonctions électives, et où il soit possible au même homme de siéger au Conseil municipal de sa commune, au Conseil général de son département et à l'Assemblée nationale. Rien de semblable ne se voit ni en Belgique, ni en Allemagne. Aux États-Unis, tout membre d'un Conseil municipal ou d'une Assemblée d'Etat qui accepte un siége au Congrès est réputé démissionnaire de ses fonctions, et il est pourvu immédiatement à son remplacement. Conformons-nous à la pratique universelle : elle est sanctionnée par l'expérience, et elle se fonde sur la connaissance du cœur humain. Que de mécontents de moins en ce monde, si chacun avait sa petite part des satisfactions de l'amour-propre et de la vanité; et que d'esprits hargneux et aigris attisent autour d'eux les rivalités et les haines, qui seraient des modèles de placidité, s'ils arrivaient, même pour quelques jours, aux honneurs municipaux!

VI

DU POUVOIR EXÉCUTIF

La constitution du pouvoir exécutif est la grande difficulté, devant laquelle sont venus échouer les efforts et les essais de tous les législateurs. Rien n'est plus malaisé que de bien constituer le pouvoir exécutif, et de déterminer le juste degré de force qu'il convient de lui donner. Entre toutes les formes de gouvernement, deux seulement n'éprouvent, à cet égard, aucun embarras : la démagogie, en supprimant entièrement le pouvoir exécutif, au profit de l'anarchie; le despotisme, en absorbant en lui-même tous les pouvoirs.

Nous croyons inutile de revenir ici sur ce qui a déjà été établi; d'une part, la nécessité d'avoir un pouvoir exécutif qui concentre entre ses mains les moyens d'action du pays; de l'autre, la nécessité non moins impérieuse de maintenir rigoureusement la séparation des trois pouvoirs.

Il convient d'aborder directement ce problème délicat qu'aucun législateur n'a pu résoudre complétement. Il n'est pas facile, en effet, de concilier les nécessités de la liberté avec les exigences de l'ordre. Il est indispensable que le pouvoir exécutif soit énergique et fort, pour qu'il puisse défendre efficacement le territoire national, et maintenir l'ordre à l'intérieur ; et, cependant, il faut qu'il demeure toujours impuissant contre la liberté. Il semble donc que le pouvoir exécutif doive réunir des conditions contradictoires.

L'embarras du législateur est d'autant plus grand, qu'il ne doit jamais perdre de vue les relations des pouvoirs entre eux ; et qu'il faut donner à la constitution assez d'élasticité pour qu'elle se prête aux circonstances, qui sont éternellement variables. Il faut embrasser l'avenir et tenir compte à l'avance du changement que les événements apporteront à toutes choses. Il ne faut donc pas oublier que les intérêts du pouvoir législatif et du pouvoir exécutif sont distincts et peuvent être opposés. A une époque critique comme celle que nous traversons, les deux pouvoirs prépondérants, attaqués à la fois par les factions et contraints à défendre leur existence, sont nécessairement portés à s'unir; ils se prêtent mutuellement appui, et la force de chacun d'eux profite à l'autre. Mais supposez le calme revenu et le cours ordinaire des choses rétabli, le pouvoir législatif, en vertu même de sa nature, cherchera à étendre sa sphère d'activité et envahira le pouvoir exécutif; et si, pour prévenir une absorption funeste, vous armez trop bien le pouvoir exécutif contre tout empiétement, celui-ci ne se tiendra pas seulement sur la défensive : il deviendra l'agresseur, comme nous en avons eu le spectacle sous la Restauration et en 1851. Dans un cas, vous arrivez à l'anarchie; dans l'autre, vous dérivez vers le despotisme.

Il ne faut donc pas s'étonner si l'organisation du pouvoir exécutif est le côté faible de toute constitution, et si c'est par l'altération de ses conditions d'existence que les sociétés périssent ou sont jetées dans les révolutions. A Athènes, la démagogie, après avoir restreint de plus en plus le pouvoir exécutif, arriva à le supprimer tout à fait, et se trouva sans force contre l'ennemi du dehors. A Rome, le pouvoir législatif, longtemps partagé entre l'assemblée du peuple et le sénat, qui se faisaient équilibre, finit par être absorbé par le peuple; et, le lendemain, celui-ci abdiqua entre les mains du pouvoir, exécutif qui détruisit la liberté.

Il serait puéril de prétendre découvrir aujourd'hui ce que l'humanité n'a pas trouvé depuis trois mille ans, que toutes les formes de gouvernement ont été étudiées et remaniées par les esprits les plus puissants, et inutilement mises à l'épreuve par les peuples. Le plus sûr moyen de se tromper serait de vouloir innover en pareille matière. Il n'y a jamais eu qu'une seule façon de résoudre le problème dont nous exposons la difficulté. Pour que le pouvoir exécutif puisse faire respecter la patrie dont il est le bouclier; pour qu'il puisse maintenir l'ordre dont il est le gardien, il faut lui donner une force réelle; et pour qu'il ne puisse pas se servir contre la liberté des moyens d'action qui lui sont remis, il faut le rendre responsable, sérieusement et à toute heure, de l'usage qu'il en fait.

De là, la nécessité d'étudier parallelement les prérogatives du pouvoir exécutif, et les conditions auxquelles il lui sera donné d'exister.

Les signes caractéristiques de la force dans un pouvoir sont l'activité, l'énergie, la persistance. La condition essentielle pour réunir toutes ces qualités est l'unité. Le pouvoir exécutif a donc, avant tout, besoin de l'unité. Il y a quatre-vingts ans, il aurait fallu insister longuement sur ce point; ce serait prendre aujourd'hui une peine superflue. Pour s'en tenir à la France, l'expérience du Directoire ne saurait être oubliée; et l'exemple de la commission exécutive de 1848, plus incapable et plus impuissante encore que le Directoire, a dessillé les yeux des plus incrédules. La doctrine de Siéyès sur la division du pouvoir exécutif trouverait aujourd'hui peu de partisans. Quant à l'école démagogique, elle est indifférente à cette question : elle ne veut pas de pouvoir exécutif, constitué en dehors des masses ou de l'assemblée qui les représente; peu lui importe que ce pouvoir, qu'elle considère comme une usurpation sur la souveraineté du peuple, soit remis à une ou à plusieurs personnes. Quant aux autres opinions, c'est-à-dire quant à la presque universalité du pays, elles sont unanimes pour confier le pouvoir exécutif à un seul homme, monarque ou président.

On a peine à comprendre, en vérité, comment, dans notre première révolution, des esprits éminents ont pu se faire illusion, au point de proposer, comme quelque chose de sérieux et d'efficace, la division, entre plusieurs personnes, du pouvoir exécutif. N'est-il pas évident, en effet, ou que ce partage du pouvoir ne sera qu'une fiction, et qu'un des dépositaires du pouvoir absorbera toute l'autorité et annihilera ses collègues, comme il est advenu du Premier Consul; ou que, si le partage du pouvoir est réel, comme il est arrivé sous le Directoire, il n'y aura plus aucune responsabilité pour personne? Si aucun des gouvernants ne peut faire triompher intégralement ses idées et son avis, il peut rejeter sur autrui tout ou partie du mal qui arrive.

Diviser le pouvoir exécutif, c'est d'ailleurs ouvrir la porte au népotisme et à la faveur. Avec le nombre des membres du gouvernement, s'accroît aussi celui des influences diverses qui pèsent sur le pouvoir, et qui forment un cercle assez étendu pour qu'il soit toujours possible aux solliciteurs d'y atteindre par quelque côté. Un chef unique n'a qu'une famille, et, quelque faible qu'on le suppose, il suffit cependant de sa volonté pour repousser les solliciteurs et écarter les prétentions injustes ou ridicules. Quand le pouvoir est partagé entre des collègues, qui sont les uns vis-à-vis des autres dans une dépendance réciproque, les plus honnêtes peuvent être contraints à échanger des concessions, et les nominations les plus légitimes peuvent entraîner, par une triste compensation, le triomphe de la sottise ou de la corruption.

Il est, du reste, un argument qui, à lui seul, trancherait la question : c'est qu'il suffit de diviser le pouvoir exécutif pour le mettre hors d'état de remplir sa mission, qui est la protection et la défense de la société. Les circonstances graves ne manquent jamais de réduire à l'impuissance un pouvoir ainsi partagé. C'est précisément au jour du danger que sa débilité éclate ; et quand la grandeur du péril exige impérieusement, de la part du pouvoir exécutif, l'énergie, l'activité, la force en un mot, c'est alors que celui-ci se trouve paralysé par la lutte des timides contre les courageux, ou des téméraires contre les prudents.

Il ne faut pas croire qu'on aurait satisfait à la nécessité de l'unité dans le pouvoir exécutif, en le confiant à un président, mais en imposant à celui-ci l'obligation de consulter les ministres, ou en adjoignant à ce magistrat unique un conseil exécutif, sans l'avis conforme duquel il ne puisse agir. La proposition d'un Conseil semblable fut faite, au sein de la Convention constituante des États-Unis, par ceux qui trouvaient exorbitants les pouvoirs déférés au président; et elle ne fut repoussée qu'après une vive discussion. Aujourd'hui encore, dans quelques-uns des États primitifs, et surtout dans la Nouvelle-Angleterre, on adjoint au gouverneur de l'État un conseil exécutif de cinq, de sept ou de neuf membres qui sont nommés ordinairement par le peuple ou par les deux chambres de la législature, réunies en assemblée électorale. Le gouverneur est oblige de consulter ce conseil; et ce n'est que d'accord avec lui qu'il peut nommer ou révoquer la plupart des fonctionnaires. Une pareille organisation peut n'avoir pas de graves inconvénients là où l'action du pouvoir exécutif se borne à l'administration d'un petit État, moins étendu quelquefois et moins peuplé que tel de nos départements. Cependant l'expérience a montré combien elle était défectueuse; et lorsque l'État de New-York révisa pour la première fois sa constitution, il ne se trouva pas, dans la constituante, une seule voix pour défendre l'existence du conseil exécutif; et le gouverneur fut unanimement affranchi de cette entrave.

Dans un grand État où le pouvoir exécutif n'a pas seulement à diriger l'administration, mais où il a une action politique à exercer, un pareil régime lui ferait une situation intolérable. Cette combinaison a tous les inconvénients et tous les défauts de la division du pouvoir exécutif, si même elle ne les accroît encore. La responsabilité se trouve doublement affaiblie, puisqu'elle est partagée d'abord entre le chef du pouvoir exécutif et son conseil, puis, au sein du conseil, entre les conseillers eux-mêmes. Aussi peut-on dire qu'elle n'existe que sur le papier; et cependant, si le président parvenait à se rendre maître dans le conseil, il pourrait abuser impunément de son autorité à l'abri d'un contrôle purement fictif. Si le président, au contraire, n'a pas une prépondérance décidée, son action se trouve à chaque instant paralysée; et il y aurait injustice à lui demander compte d'une inertie qui ne serait pas de son fait. Il n'y a unité réelle, il n'y a responsabilité sérieuse pour le pouvoir exécutif qu'à la condition qu'il conservera une complète liberté d'action. Il faut donc se conformer à la vieille maxime qui dit : C'est le fait de plusieurs de délibérer, c'est le fait d'un seul d'agir.

Pour avoir sa complète liberté d'action, le chef du pouvoir exécutif doit être le maître de choisir ses agents. Si ceux-ci lui sont imposés, ils sont, par ce seul fait, indépendants de lui, et lui-même se trouve aussitôt annulé. La réalité du pouvoir appartient aux ministres et à quiconque influe sur leur nomination. Il est donc indispensable que tous les agents du pouvoir exécutif soient au choix du chef du gouvernement. Il va sans dire qu'ils doivent de même être révocables à sa volonté. Il n'y a point à marchander ce droit, si l'on veut pouvoir exiger une administration intelligente et éclairée, car l'accord du chef et des subalternes; la bonne harmonie et la discipline sont à ce prix.

Est-ce à dire qu'il faille remettre au chef du gouvernement, sans aucun contrôle, la nomination de tous les fonctionnaires? On ne peut se dissimuler que ce soit, en France, un grave danger pour les libertés publiques. Grâce aux habitudes créées par notre centralisation administrative, nul peuple, n'a, au même degré que nous, le goût des fonctions publiques. On recherche en France la dépendance de l'État avec autant d'ardeur qu'on en montre ailleurs pour s'y soustraire; et le personnel des diverses administrations y forme une véritable armée. Un patronage qui s'exercerait, sans limites, sur 400, 000 fonctionnaires, constitue un pouvoir qu'on ne saurait remettre impunément à un seul homme. Aussi a-t-on peine à comprendre l'erreur de l'école républicaine et des hommes du *National* qui voulaient, en 1848, faire absorber par l'État les assurances et les chemins de fer avec leur énorme personnel, et qui seraient arrivés ainsi à accroître, dans une proportion effrayante, le nombre déjà beaucoup trop grand des citoyens dans la dépendance directe du pouvoir exécutif. Le danger le plus menaçant pour la liberté réside précisément dans cette armée de fonctionnaires, obligés de s'incliner devant quiconque possède le pouvoir, et d'accepter passivement toute révolution qui met en question leur existence. Loin d'accroître un pareil danger, il faut songer à y parer.

La division du pouvoir législatif en deux chambres a permis aux Américains d'y pourvoir assez heureusement. Les Américains ont distingué deux sortes de fonctions publiques. Ils ont mis à part les fonctionnaires qui sont les agents même du pouvoir, ceux qui doivent être à son entiere disposition, comme les outils dans la main de l'ouvrier; et pour ceux-là ils ont laissé au président le droit absolu de nomination. Le chef du pouvoir exécutif choisit donc à son gré les employés des ministères, les fonctionnaires de l'ordre administratif, les collecteurs des taxes, tous les agents, en un mot, qui n'ont pas et ne doivent pas avoir d'autre volonté que la sienne.

Quant aux fonctionnaires proprement dits, à ceux qui sont dépositaires d'une portion de pouvoir, à ceux surtout qui sont en état ou dans la nécessité d'avoir par eux-mêmes une certaine initiative, les Américains, tout en respectant la liberté du président, soumettent ses choix à un contrôle qui l'empêche de faire un mauvais usage de sa prérogative. Le président nomme donc les juges des tribunaux des États-Unis, il nomme les ministres résidents et tous les agents diplomatiques, le directeur général des postes et les chefs des grandes administrations ; mais les choix faits par lui ont besoin d'être ratifiés par le sénat ; et, en l'absence du congrès, il ne peut pourvoir à ces emplois que par des commissions provisoires. Quand un poste devient vacant, le président désigne un citoyen pour l'occuper : le sénat vote sans discussion sur cette désignation, ou la discute en séance secrète ; et, s'il la confirme par son vote, le président donne l'institution au fonctionnaire qui est nommé définitivement : en cas de rejet, il désigne une autre personne. De cette façon on prévient tout choix indigne ou impolitique, sans imposer au président un subordonné dont la personne lui soit désagréable.

En 1841, en l'absence du Congrès, M. Tyler donna l'ambassade de Londres à M. Van Buren par suite d'une combinaison électorale ; ce choix ne fut pas ratifié par le sénat, et M. Van Buren fut rappelé. Nous citons cet exemple parce qu'il est un des plus éclatants ; il arrive d'ailleurs assez rarement que le sénat ne ratifie pas le choix du président On comprend, en effet, que la nécessité de subir un pareil contrôle oblige le président à apporter infiniment de circonspection dans ses désignations. Sa liberté, pourtant, ne souffre pas d'un contrôle qui n'atteint que le népotisme et les choix que l'incapacité ou l'indignité rendent inadmissibles.

Le même système a été adopté dans les États particuliers. La désignation des fonctionnaires appartient au gouverneur, chef du pouvoir exécutif ; mais il ne peut les nommer qu'après avoir pris l'avis du conseil exécutif, ou obtenu la sanction du sénat là où il n'y a point de conseil exécutif. Seulement, dans les États, aucune nomination ne peut avoir lieu sans l'un ou l'autre de ces contrôles, à la différence de la constitution fédérale qui laisse plus de latitude au président, et lui accorde, pour le choix de ses agents immédiats, l'entière liberté qu'il peut justement réclamer.

Plus les fonctionnaires sont nombreux en France, et

plus il doit paraître nécessaire qu'un contrôle sérieux soit exercé sur les nominations. Il semble, à première vue, que cette tâche ne puisse être remplie avec plus d'indépendance et d'autorité que par le pouvoir législatif, émané de la nation elle-même ; mais la division du pouvoir législatif en deux branches pourrait seule permettre d'introduire en France un mode de nomination analogue à celui qui est pratiqué aux États-Unis. On ne saurait penser à attribuer à une assemblée unique un contrôle autre que celui qui résulte indirectement de la responsabilité ministérielle. Une assemblée unique est destinée à être renouvelée trop souvent pour qu'il puisse s'y former jamais des traditions gouvernementales : elle serait trop nombreuse pour que les votes sur les nominations échappassent à l'action des partis : tous les actes de cette assemblée auraient un caractère politique ; on voterait pour ou contre les candidats désignés. suivant qu'on serait le partisan ou l'adversaire du gouvernement : il y aurait une lutte de partis à propos des nominations, il n'y aurait pas de contrôle.

On ne saurait, davantage, songer à attribuer ce contrôle à un corps non politique. Rien ne serait plus aisé, d'abord, que de le déférer au conseil d'État, si cette institution est conservée ; mais, qu'on y prenne garde, ce serait, par le fait, remettre à ce conseil la nomination des fonctionnaires, c'est-à-dire lui donner la réalité du pouvoir exécutif. Le jour où le chef du gouvernement ne pourra pas nommer un fonctionnaire sans le conseil d'État, toute l'administration relèvera, par le fait, de ce conseil, autour duquel s'agiteront toutes les ambitions, tous les intérêts, et où naitront aussitôt des coteries qui se disputeront la distribution des emplois. Ce jour-là, le président ou le monarque, ne sera plus que le chef nominal du pouvoir exécutif : il sera un personnage de théâtre sans la moindre action sur les affaires ; il sera comme le doge de Venise à côté du conseil des Dix ; et l'unité du pouvoir exécutif aura péri.

On voit donc à quelles difficultés on se heurte de tous

côtés, car il n'est pas moins évident que laisser au chef du pouvoir exécutif la nomination de 400,000 fonctionnaires, c'est mettre entre ses mains des moyens d'action si étendus et d'une telle puissance, que les institutions du pays sont à sa merci. Son caractère devient la seule garantie du respect des libertés publiques.

Si la forme du gouvernement est une monarchie constitutionnelle, les ministres useront du patronage pour peser sur les élections, afin de se maintenir au pouvoir. S'il s'agit d'une république, les ambitieux et les mécontents ne manqueront pas de pousser le président à user, pour changer la nature de son pouvoir ou pour en prolonger la duree, des immenses moyens d'action mis à sa disposition.

Comment sortir de ce cercle vicieux, et quelle juste mesure trouver, entre l'énervement du pouvoir exécutif, ou la remise entre ses mains d'une trop grande puissance?

Si l'on remarque que les deux pays où le problème à été le plus heureusement résolu, les Etats-Unis et l'Angleterre, sont aussi ceux où l'action administrative est le plus restreinte, et où les fonctionnaires publics, vivant du budget de l'État et relevant directement du gouvernement, sont les moins nombreux, on sera conduit à penser qu'en France le remède serait encore d'entrer dans la voie de la décentralisation administrative, et d'y persévérer fermement malgré des inconvénients passagers, que la pratique et le retour du calme feraient bientôt disparaître.

Qui osera tenter avec sincérité cette expérience hardie, dans un pays où les considérations électorales dominent toutes les autres, et où ceux, qui se prétendent les défenseurs, par excellence, des libertés publiques, ne sont préoccupés que de fortifier le pouvoir dont ils espèrent s'emparer un jour? N'a-t-on pas vu, en 1848, les hommes du *National* et du *Siècle*, et ne voit-on pas aujourd'hui la même école réclamer, au nôm des intérêts mal compris de la démocratie, la concentration entre les mains de l'État, de tous les éléments de la plus formidable tyrannie? Ce qu'ils ont appelé le Césarisme n'était que l'application directe de leurs doctrines. Les libéraux, de leur côté, s'emparent aujourd'hui des armes dont ils ont blâmé l'emploi; ils ne semblent pas s'apercevoir qu'ils absolvent leurs adversaires de s'en être servis, et qu'ils font à leurs propres doctrines ce tort irréparable de les laisser croire impuissantes à préserver le pays de l'anarchie.

Il convient donc de limiter ses espérances à obtenir quelques palliatifs. Ce serait déjà un progrès réel qu'une révision et une détermination rigoureuse du cadre des administrations. Il faudrait faire régler par la loi, et non par des arrêtés ministériels, aussi variables que les saisons, les conditions d'admission dans les fonctions publiques, ainsi que les mises à la retraite et les cas de révocation. Il faudrait rechercher, enfin, si l'inamovibilité ne pourrait pas être acquise au prix de certaines conditions d'examen, d'âge et de services, afin de diminuer autant que possible le nombre des fonctionnaires qui demeureraient à la discrétion des bureaux. Ce seraient là des réformes sans inconvénient, à la condition d'y observer une juste mesure; car soustraire complètement le personnel à l'action du pouvoir central, ce serait vouer les administrations publiques à la routine et à l'immobilité.

VII

DES ATTRIBUTIONS DU POUVOIR EXÉCUTIF

La prérogative la plus importante du pouvoir exécutif, après la nomination des fonctionnaires, est la disposition de la force publique. C'est une prérogative qu'on ne saurait lui refuser. C'est à lui qu'il appartient de faire exécuter les lois et de défendre le territoire national; il faut donc qu'il ait les moyens de remplir cette double tâche : cette nécessité est commune à toutes les formes de gouvernement. Aux États-Unis, le président est commandant en chef de toutes les forces de terre et de mer; dans les États, le gouverneur est également chef de toutes les milices. La constitution de 1848, en mettant la force armée à la disposition du président, lui interdisait d'en prendre lui-même le commandement. Cette disposition était conforme à l'esprit qui avait inspiré cette œuvre bâtarde. Les auteurs de la constitution de 1848 semblent avoir été sous l'obsession continuelle de deux sentiments : d'une part, un amour-propre excessif d'auteurs qui les a conduits à se jeter dans toutes sortes de contradictions, plutôt que de paraître rien emprunter à leurs devanciers ou aux autres peuples; et d'autre part, une défiance excessive des sentiments de la nation à l'égard de la république. Toutes les dispositions semblent calculées, comme s'il y avait une lutte de finesse entre la nation, qui chercherait tous les prétextes, tous les moyens détournés d'échapper à la forme républicaine, et la commission de constitution qui voudrait ôter au pays toute possibilité de se soustraire à la république.

La disposition, qui refusait au président le commandement de l'armée, avait été évidemment inspirée par le souvenir de Napoléon, et par l'appréhension de la gloire militaire. Est-elle autre chose, cependant, qu'une de ces demi-mesures qui signalent un mal et ne le préviennent pas? Lorsqu'une nation élève un chef militaire à la présidence, c'est, apparemment, que l'imminence ou l'existence d'une guerre fait juger nécessaire de mettre le pouvoir aux mains d'un homme compétent. Que le danger devienne grave, le pays devra-t-il être privé de son meilleur et, peut-être, de son unique capitaine, parce qu'il l'aura jugé le plus digne de conduire les affaires publiques? L'hommage rendu à la capacité d'un homme deviendra-t-il pour celui-ci un titre d'exclusion, et aura-t-il pour conséquence de priver le pays de services nécessaires? Peut-on croire que, dans des circonstances critiques, la voix publique n'appellerait pas à la tête de l'armée, l'homme qui aurait la confiance du peuple et des soldats, et qu'elle ne ferait pas taire la loi?

On avait proposé, par amendement, de permettre au président de prendre le commandement de l'armée, mais à la condition de donner sa démission de la présidence, et d'avoir aussitôt un successeur. Cet amendement eût placé le président entre la possession du pouvoir et l'amour de la gloire. Mais quel homme, investi de l'autorité suprême, ira se mettre à la discrétion d'un successeur qui pourra le révoquer, le lendemain de sa première victoire? Que faire, d'ailleurs, si la nation, par un de ces entraînements auxquels elle est sujette, réélisait, quoique général, l'homme qui venait de donner sa démission pour commander l'armée? Il ne faut pas faire les lois comme si l'on devait toujours trouver dans les hommes éminents, des Cincinnatus ou des Washington.

Si l'homme placé en face de l'alternative que nous supposons, au lieu d'un sordide amour du pouvoir, est animé de la grande ambition, il n'hésitera pas un instant à quitter son siége pour aller sauver la patrie, et ce peuple enthousiaste, qui ne pourra l'avoir pour président, le fera empereur dans l'élan de sa reconnaissance. Supposons, au contraire, qu'un grand homme ait pu satisfai e, sans descendre, sa passion pour la gloire; qu'il ait pu rendre service à son pays sans perdre le pouvoir, et se retrouver légitimement, au lendemain de sa victoire, le premier de l'État; il y regardera à deux fois, avant de courir les risques d'une usurpation, avant de compromettre une autorité légitime et une réputation sans tache, dans une entreprise qui le couvrirait d'infamie, si elle ne réussissait pas. Il y a toujours avantage à mettre les hommes dans une situation nette et franche, à ne pas leur demander des sacrifices trop pénibles, et à leur rendre faciles l'exercice de la vertu et le respect de la loi.

La disposition de la force armée doit donc appartenir, sans condition restrictive, au chef du pouvoir exécutif.

Une autre prérogative lui appartient encore; c'est le droit de grâce. Des publicistes éminents, Beccaria et Bentham, ont combattu le droit de g âce comme une atteinte à la justice, qui perd son caractère d'équité, si l'on altère ou modifie ses sentences : changer un jugement, suivant eux, c'est reconnaitre qu'il n'est pas juste. C'est là outrer l'idée de la justice, et vouloir attribuer aux jugements de l'homme ce qui n'appartient qu'aux jugements de Dieu. Notre nature est tellement faillible, qu'il y a toujours une présomption d'erreur dans les sentences les plus inattaquables; et comme nous ne sommes jamais certains de discerner avec une complète clairvoyance la part du bien et du mal, le sentiment de la souveraine justice, et celui de notre faiblesse, exigent que nous inclinions toujours vers l'indulgence et le pardon.

Aussi, toutes les législations ont-elles envisagé le droit de grâce comme un correctif, et comme une compensation des erreurs de la justice humaine, et ne diffèrent-elles que par l'étendue qu'elles lui reconnaissent. Dans l'Union américaine, le droit de grâce est entier, et comprend la remise complète ou partielle des peines prononcées : dans quelques-uns des États, le gouverneur peut seulement suspendre l'effet des condamnations capitales ou infamantes ; mais cette suspension équivaut, en fait, à la commutation de la peine ; il ne peut relever aucun condamné du jugement qui le frappe. Le pouvoir du président, au contraire, s'étend à tous les délits et à tous les effets des jugements, même à la remise des amendes prononcées. La constitution des États-Unis n'a excepté qu'une seule classe de condamnations, celles qui sont le résultat d'un *impeachment*, c'est-à-dire d'une poursuite politique, intentée par la chambre des représentants devant le sénat. Cette exception est on ne peut plus légitime ; sans elle, en effet, le président en grâciant ses agents, à mesure qu'ils seraient condamnés par le sénat, détruirait, par le fait, la responsabilité, qui est l'arme du pouvoir législatif contre les empiétements ou les actes abusifs de l'Administration.

Les auteurs de la constitution de 1848 n'avaient point osé dépouiller le premier magistrat de cette belle prérogative, qui est l'honneur du pouvoir et la consolation des ennuis qu'il procure ; mais ils ne lui en avaient laissé que l'exercice nominal. Il fallait, en effet, pour exercer le droit de grâce, une proposition du ministre de la justice et l'avis du conseil d'État. Quel avait été l'objet de ces restrictions ? Si la Constitution voulait empêcher qu'on abusât du droit de grâce dans des vues politiques, elle allait contre son but ; car la responsabilité d'une clémence intéressée ou d'une rigueur inexorable, renvoyée tour à tour du président au ministre et du ministre au conseil d'État, eût été tout à fait nulle.

Mieux aurait valu introduire dans la constitution française la restriction américaine : ôter franchement au président le droit de réviser les sentences résultant d'un *impeachment*, et lui laisser, pour le reste, cette liberté sans laquelle il n'y a point d'action efficace, ni de responsabilité sérieuse.

Il y a lieu, aussi, d'établir une distinction entre le droit de grâce et le droit d'amnistie. M. Dupin a montré quelle immense distance il y a entre l'amnistie et la grâce.

« La grâce, dit-il, ne remet que la peine, elle maintient « et le fait criminel et le jugement; l'amnistie ne remet « point, elle efface, elle retourne vers le passé et y détruit « jusqu'à la première trace du mal. Elle arrête le cours « de la justice quand elle intervient avant le jugement; « elle efface à la fois et le fait criminel et le jugement de « condamnation, quand elle intervient après. La grâce, « c'est la miséricorde qui respecte la loi et lui laisse toute « sa liberté d'action; l'amnistie est une volonté nouvelle « qui se substitue à la volonté de la loi. »

C'est sur ces considérations que nous nous fondons aussi, pour demander qu'on donne au chef du pouvoir exécutif le plein et entier usage du droit de grâce, et qu'on lui refuse le droit d'amnistier, c'est-à-dire de substituer une volonté nouvelle à celle de la loi. L'amnistie, par sa généralité, par la nature des délits auxquels elle s'applique le plus souvent, est une mesure essentiellement politique, et qui nous paraît exiger, au plus haut degré, le concours du pouvoir législatif.

La Constitution de 1848, comme celle des États-Unis, remettait avec raison au président le pouvoir de recevoir les ambassadeurs, de négocier et de conclure les traités. Il n'en saurait être autrement : toute négociation, pour être bien conduite, nécessite l'unité de vues, le secret et la promptitude; il en résulte qu'une assemblée ne peut pas négocier. Il y a, cependant, dans tout traité, un élément législatif, puisque la nation se trouve liée par lui. Aussi, la Constitution de 1852 elle-même avait-elle, d'abord, reconnu et exigé la nécessité du contrôle parlementaire.

Mais nous avons déjà exposé comment ce qui est utile et pratique avec une assemblée comme le sénat américain, est illusoire et impossible avec une assemblée de sept cent cinquante memb es. C'est la considération la plus forte, que l'on puisse invoquer en faveur de l'établissement d'un sénat.

Un autre avantage que présente la constitution américaine, c'est que le président peut consulter le sénat, et obtenir de lui, en séance secrète, des instructions pour arrêter les bases d'un traité projeté, et ne pas entamer des négociations inutiles, qui viendraient échouer au moment de la ratification. Au milieu de la mobilité des présidents, que l'inconstance de la multitude emprunte alternativement à tous les partis, ce corps électif où la capacité conquiert la permanence, conserve le dépôt des traditions diplomatiques, et, par sa composition, par la fixité de ses vues et de sa politique, rappelle merveilleusement le sénat romain. Aussi, la diplomatie américaine est-elle une des premières du monde. L'ensemble des traités de commerce, conclus par le sénat américain depuis 1825, est l'œuvre la plus considérable qui ait été accomplie par un gouvernement; c'est le chef-d'œuvre de la politique commerciale.

Il appartient encore au pouvoir exécutif de promulguer la loi : c'est pour lui un droit, c'est en même temps un devoir auquel il ne peut se refuser. Personne plus que celui qui est chargé de faire exécuter la loi, n'a intérêt à ce qu'elle soit connue et respectée de tous. Mais le pouvoir exécutif participe, dans une certaine mesure, à l'œuvre du législateur, par le droit qu'il avait jusqu'ici et qu'il doit conserver, de faire les règlements d'administration publique. Ces règlements, discutés et rédigés par le Conseil d'État, et obligatoires comme la loi elle-même, ont le plus souvent pour objet d'assurer l'exécution de la loi, mais quelquefois aussi, de compléter et de développer l'œuvre du législateur. Le droit de rendre ces règlements n'est point inhérent au pouvoir exécutif; aussi, pour s'exercer valablement, doit-il toujours être l'effet d'une délégation spéciale du législateur, inscrite par celui-ci dans la loi elle-même. L'utilité de cette délégation ne saurait être méconnue.

« Le cours des affaires, dit M. Vivien, dans ses remar-
« quables *Études administratives*, serait exposé à de fré-
« quentes interruptions, et la loi souvent entravée, si elle
« seule pouvait déterminer les conséquences des prin-
« cipes qu'elle pose. Parfois, l'Administration est plus
« apte que la loi elle-même à décréter ces dispositions
« secondaires. Éclairée par l'expérience, livrée aux soins
« pratiques des affaires, elle en connaît les difficultés et
« les exigences : aucun détail ne lui est étranger; elle
« sait prévoir toutes les hypothèses, déjouer toutes les
« ruses, concilier toutes les prétentions légitimes. »

Les États-Unis n'ont point d'institution analogue au conseil d'État; et le congrès est obligé de déléguer aux ministres seuls le droit de rendre, chacun dans sa spécialité, les règlements d'administration publique que les changements de la législation peuvent nécessiter. Seulement, les ministres sont astreints à remettre au congrès, dès l'ouverture de la session suivante, une copie des règlements promulgués par eux dans l'intervalle des sessions; et l'initiative parlementaire peut faire de cette communication l'objet d'un débat. Les ministres sont, en outre, sous la surveillance de la Cour suprême des États-Unis, que le premier citoyen peut saisir d'une réclamation, et qui, investie du droit d'annuler toute loi du congrès, contraire à la constitution, peut, à plus forte raison, casser une ordonnance ministérielle en désaccord avec la loi.

Le pouvoir exécutif aux États-Unis, n'est pas seulement associé, en quelque sorte, à l'œuvre du législateur par la promulgation des règlements : il concourt encore à la législation elle-même, par l'exercice ou l'abstention de son droit de veto. Le veto du président est suspensif : toute mesure qui en est frappée a besoin, pour devenir loi, de subir une discussion nouvelle dans les deux chambres, et d'être adoptée par elles à la majorité des deux tiers des voix. La constitution de tous les États accorde un droit semblable au gouverneur sur les décisions des deux chambres. Les législateurs des États-Unis n'ont point osé donner au président le veto absolu, qui appartient au roi dans la constitution anglaise; et l'expérience a montré tous les avantages du veto suspensif sur le veto absolu. Ce dernier a pour inconvénient de mettre en opposition la volonté d'un homme et la volonté du peuple, et de donner l'avantage à la première, en sorte qu'il blesse les susceptibilités des masses ignorantes, et que l'usage en devient dangereux ou même impossible dans les moments de fermentation, c'est-à-dire à l'instant où la fermeté d'un homme serait quelquefois le salut unique du pays. On a remarqué que Guillaume III est le dernier roi d'Angleterre qui ait fait usage du veto royal; ses successeurs ont toujours évité avec soin d'user de cette prérogative, en faisant rejeter par une des deux chambres les mesures qui leur déplaisaient, et en se résignant quand cette tactique ne réussissait pas. Lorsque le bill d'émancipation des catholiques eut été voté par la chambre des lords, tout le parti tory supplia le roi de faire usage de sa prérogative, pour annuler une mesure qui alarmait sa conscience et blessait tous ses scrupules d'anglican : George IV repoussa sagement ces conseils, et sanctionna, en pleurant, le bill qu'il détestait.

Le veto suspensif n'a point pour effet de substituer la volonté d'un seul homme à celle de la représentation nationale : c'est un appel à une discussion nouvelle, appel fait par l'homme sur qui pèse la plus lourde responsabilité, et qui a quelque droit à ce qu'on ne lui impose pas, à la légère, une mesure qui l'alarme. On peut toujours soutenir, avec une certaine vraisemblance, qu'une mesure qui ne réunit pas en sa faveur les deux tiers de la représentation nationale, n'a point cette urgence ou ce caractère de haute sagesse qui en rendraient blâmables l'ajournement ou le rejet; et comme le dernier mot peut toujours rester au corps électif, l'amour-propre des masses est à couvert. Il en résulte que l'usage du veto suspensif est plus facile et plus fréquent. Aussi en trouve-t-on d'assez nombreux exemples dans l'histoire des États-Unis : on a même observé que les présidents, appartenant à l'opinion démocratique, avaient eu recours au veto plus souvent que les autres : les administrations du général Jackson, de M. Tyler et de M. Polk, en ont fourni les exemples les plus dignes de remarque.

Les auteurs de la constitution de 1848, jaloux de ne rien imiter, s'étaient bien gardés d'accorder au président le veto suspensif : ils l'avaient investi d'un droit vraiment dérisoire. Le président avait un délai de huit jours pour transmettre à l'assemblée nationale un message, où il exposait ses objections et demandait une délibération nouvelle. L'assemblée délibérait sur ce message, et sa résolution devenait définitive. Or, quelle est l'assemblée qui ira se déjuger à huit jours de distance, quelqu'autorité morale qu'on suppose au président ? Si celui-ci n'a pas eu le crédit de faire rejeter la mesure, lorsque la représentation nationale n'était pas engagée, il ne la fera pas échouer après son adoption. Remarquez encore qu'aucun chiffre n'était fixé pour la majorité ; et, aux termes stricts du règlement, il pouvait se faire que, la mesure partageant également la chambre, la voix d'un seul membre vînt décider la question contre le président et la moitié de la représentation nationale. Jamais président n'eût été chercher gratuitement un échec, en faisant usage du droit dérisoire que conférait la constitution de 1848.

Avec une assemblée unique, il est indispensable d'armer le chef du pouvoir exécutif du droit de veto : c'est la seule garantie efficace contre les entraînements auxquels toutes les assemblées sont sujettes : mais ce droit doit être sérieux. Il doit avoir pour conséquence de provoquer une délibération nouvelle de l'assemblée, et de séparer obligatoirement les deux délibérations par un intervalle qui permette à la réflexion de s'exercer, et à l'opinion publique de faire entendre sa voix ; enfin il doit rendre nécessaire une majorité plus considérable, parce que, dans les moments d'effervescence politique, où l'esprit de parti est surexcité, le nombre des hommes sages et modérés, qui reculent devant les mesures extrêmes, est toujours restreint, et qu'on peut difficilement espérer de déplacer un chiffre de voix suffisant pour changer en minorité la majorité de la veille.

Moins nécessaire avec deux chambres dont l'une peut exercer sur l'autre un contrôle salutaire, le droit de veto conserve, néanmoins, d'incontestables avantages. Il peut dispenser d'avoir recours à une dissolution des chambres et à des élections générales, mesure que les circonstances ne permettent pas toujours, et qui ne manque jamais de jeter le pays dans une agitation redoutable. Le gouvernement de 1830 usa, avec timidité et d'une façon détournée, d'une sorte de veto indirect, en ne revêtant pas de la sanction royale et en ne promulguant pas une ou deux mesures qui déplaisaient personnellement au roi Louis-Philippe. Ce refus de sanction pouvait devenir une occasion de conflit entre la couronne et la chambre élective ; et celle-ci aurait pu, toujours, imposer sa volonté au roi, en renversant le ministère. Mieux eût donc valu le veto suspensif dont le président des États-Unis est investi. C'est le seul qu'on puisse attribuer au chef du pouvoir exécutif dans une république ; et, dans une monarchie, c'est le seul que la prudence permette d'exercer.

En passant en revue les principales prérogatives dont il convient d'investir le pouvoir exécutif, nous avons cherché à déterminer la juste mesure d'influence et d'autorité qu'il faut lui conférer. Il nous reste à étudier ses conditions d'existence.

VIII

DES CONDITIONS D'EXISTENCE DU POUVOIR EXÉCUTIF

Nous avons voulu étudier à part les conditions d'existence du pouvoir exécutif, parce qu'elles sont indépendantes de ses attributions. Celles-ci doivent demeurer sensiblement les mêmes, à quelque titre que l'homme qui les exerce, en soit investi, parce qu'elles répondent aux besoins permanents de toute société civilisée.

Au contraire, les conditions, dans lesquelles ce pouvoir peut être conféré à un homme, admettent une assez grande variété, et sont un champ fécond de discussions. Il y a là une série de questions délicates et difficiles qui se trouvent résolues d'avance dans une monarchie, où le chef du pouvoir exécutif est tout indiqué, et où la possession de ce pouvoir ne peut donner lieu à aucune compétition.

Avec la forme républicaine, le chef du pouvoir exécutif doit être nécessairement pris dans le sein de la nation ; et la détermination du mode à adopter pour l'en faire sortir, et pour remettre la plus haute magistrature aux mains du plus digne, constitue un problème des plus ardus.

La constitution de 1848 donnait à ce problème une solution qui ne paraît pas, aujourd'hui, en faveur auprès du parti républicain, devenu systématiquement hostile à toute combinaison qui permettrait au suffrage populaire d'investir un homme d'un prestige irrésistible. Ce chapitre de la constitution de 1848 portait, du reste, à chaque article, la trace des préventions et des incertitudes de la commission qui l'avait rédigée.

Trop éclairée pour ne pas voir qu'avec l'assemblée unique qu'elle instituait, elle menait la France à une lutte fatale entre le pouvoir législatif et le pouvoir exécutif ; trop esclave du préjugé pour prévenir cette lutte et sauvegarder la liberté, en divisant le pouvoir législatif, la commission, entre la double appréhension d'un président qui serait assez fort pour se rendre le maître de l'Etat, et d'un président qui ne serait qu'un mannequin entre les mains de l'assemblée nationale, marcha de contradiction en contradiction ; et l'on ne peut mieux faire ressortir les imperfections de son œuvre que par une comparaison avec les institutions des États-Unis.

Admettant, avec l'expérience de tous les temps et de tous les peuples, la nécessité de constituer fortement le pouvoir exécutif, pour qu'il pût veiller efficacement au maintien de l'ordre et de la loi, les législateurs américains ont voulu que le pouvoir exécutif existât par lui-même, qu'il fût une force *sui generis*, et que son opposition devînt, pour les caprices et les entraînements du pouvoir législatif, une barrière efficace et réelle. Préoccupés, avec juste raison, d'assurer à la première magistrature de leur république une force équivalente à celle que la monarchie puise dans l'hérédité, ils n'ont pas hésité à rendre le pouvoir exécutif indépendant des autres dans son principe même, et dans sa source : le mode électoral qui lui donne naissance. L'unité d'action et de personne, l'élection directe et universelle, une durée de quatre années avec possibilité indéfinie de prolongation, le droit de résister définitivement à toute décision qui n'aura pour elle que la simple majorité du pouvoir législatif ; ce sont là pour le pouvoir exécutif les fondements d'une influence réelle. Des trois éléments de tout pouvoir, forme, intensité ou durée, quel que soit celui que l'on prenne, on le trouve en rapport avec les deux autres, et, par leur coordination, leur bonne harmonie, tous trois contribuent également à faire de la présidence des États-Unis un pouvoir sérieux et durable.

Qu'est-ce, au contraire, que le président dans le système de la constitution de 1848 ? On lui voit bien une origine indépendante du pouvoir législatif, puisqu'il pourra être nommé par le suffrage universel ; on lui voit encore une durée supérieure à celle de l'assemblée nationale, puisqu'il est élu pour quatre ans ; mais ses attributions ne sont pas en rapport avec ces éléments de force. « Rien n'est moins défini que les attributions du président, écrivions-nous en 1848 ; il n'en est qu'une qui soit nettement indiquée, c'est la mission de promulguer les décrets de l'assemblée nationale, avec un droit de remontrance qu'on peut tenir pour tout à fait dérisoire. Cependant, à cause précisément du vague de ses attributions, grâce à l'isolement où se trouvera le pouvoir législatif, à la destruction des institutions communales et départementales, et à l'aide de cette tendance à la centralisation extrême qui domine l'esprit public en France, le président sera l'héritier naturel de toute l'influence qui se retirera d'autrui ; et s'il rencontre une crise qui alarme les intérêts, s'il est porté par la faveur populaire, il empiétera à son aise sur le domaine de la représentation nationale ; et selon ce que vaudra l'homme et ce que permettront les circonstances, il sera un oisif ou un usurpateur. »

Aussi se trouvait-il, en 1848, un assez grand nombre d'esprits rigoureux qui sommaient la commission de constitution d'être logique, et de se montrer conséquente avec elle-même. Se fondant sur ce qu'elle refusait ou marchandait au président les attributions les plus indispensables, ils lui prouvaient sans peine qu'elle tendait à annihiler le pouvoir exécutif, et ils lui demandaient de compléter son œuvre en faisant nommer le président par l'assemblée nationale, et en donnant la même durée à l'un et à l'autre.

Ces logiciens inflexibles faisaient valoir l'intérêt de l'ordre ; ils invoquaient, à l'appui de leur thèse, l'agitation extrême dont l'élection présidentielle devait être l'occasion, les efforts désespérés des partis pour élever à la présidence un homme de leur opinion. Ils faisaient valoir, surtout, la possibilité d'un revirement d'opinion, qui ferait sortir de deux mouvements différents l'assemblée unique et le président unique, et le danger que le président, en cas de conflit avec le pouvoir législatif, pût se dire, lui aussi, le représentant de la nation ; le représentant, non pas des électeurs d'un département, mais du peuple entier et dans sa plus récente expression. Ils ajoutaient que tout président verrait nécessairement se renouveler l'assemblée nationale, et serait tenté d'influer sur la composition de l'assemblée nouvelle, afin de prévenir toute opposition à ses vues.

Voilà, disait-on, bien des dangers que l'on encourt, pour arriver à constituer un pouvoir exécutif, sans attributions sérieuses, sans action utile. Dans la stricte légalité, le président, à la différence de la mission de promulguer les lois, ne sera pas autre chose que le président du conseil des ministres ; il sera ce qu'est aujourd'hui le général Cavaignac, moins la dictature dont celui-ci est investi. Pourquoi n'aurait-il pas la même origine ? Où serait l'inconvénient qu'à l'ouverture de chaque législature, l'assemblée nommât pour trois années un président du conseil, auquel elle donnerait, au besoin, les pouvoirs extraordinaires que les circonstances nécessiteraient ? En adoptant ce système, on ne changerait en rien l'économie du projet de constitution ; on ne ferait que ramener ce projet à la logique sur les points où il s'en écarte, et que rétablir, entre les principes dont s'était inspirée la commission, et l'ensemble des articles, leur rapport naturel de conséquence.

La commission de constitution n'avait rien à répondre à cette argumentation, et, cependant, on ne pouvait faire de plus vive critique du projet de constitution. Après les considérations qui ont été exposées plus haut, et après l'expérience qui a été faite du 8 février 1871 au 24 mai 1873, est-il besoin de faire remarquer, ce qu'on ne niait pas du reste, en 1848, que cette thèse aboutit à la destruction du pouvoir exécutif, absorbé dans le pouvoir législatif ? Est-il besoin de dire que c'était la ruine du principe tutélaire de la séparation des pouvoirs? Ce système, auquel conduisait fatalement l'œuvre illogique de la constituante de 1848, et qui paraît, aujourd'hui, rallier la presque universalité du parti républicain, donnerait, pour régime, à la France la tyrannie du pouvoir législatif, tempérée par la crainte de l'usurpation.

La constitution de 1848 accordait au président quatre années de pouvoir, et ne lui permettait d'être réélu qu'après un intervalle de quatre années. Dans la pratique, et telle était bien la pensée secrète des auteurs de cette disposition, une pareille clause équivaut à peu près à l'interdiction de la réélection. Une extrême mobilité des hommes et des choses est le caractère essentiel du régime démocratique; et soit qu'un ex-président agisse, soit qu'il se renferme dans l'inaction, les circonstances sont tellement changées, au bout de quatre années, qu'il lui est bien difficile de se remettre sur les rangs avec des chances de succès. Il aura pour adversaires toutes les ambitions nouvelles et pressées d'arriver. S'il est demeuré dans la retraite, il est déjà oublié; et cependant une inaction forcée sera la seule ressource de tout ex-président qui ne voudra pas voir se rallier autour de lui les adversaires de son successeur; il ne pourrait faire un mouvement, émettre une opinion, sans se faire accuser de travailler à sa réélection. N'est-il pas, à la fois, pénible et imprudent d'éloigner de la vie politique une des lumières du pays, après quatre années seulement de service? Dans une monarchie constitutionnelle, où l'exercice réel du pouvoir, confié aux ministres, est séparé de la dignité suprême, on peut, après être sorti du ministère, y être ramené par un nouveau déplacement de la majorité parlementaire; mais il n'entrera dans l'esprit de personne qu'un homme éminent, après avoir été président, puisse être ministre ou occuper une fonction quelconque. Aux États-Unis, John Quincy Adams est le seul président qui ait accepté un siége dans le Congrès, après avoir exercé la première magistrature. Tous les autres présidents, Washington, Jefferson, Madison, Monroe, Van Buren, Polk, se sont toujours retirés de la vie publique à l'expiration de leurs fonctions. Telle serait aussi la règle qu'imposeraient, en France, aux anciens présidents, un juste sentiment de leur dignité personnelle et le respect de la suprême magistrature. Ce sera une perte pour le pays, privé de l'expérience et des conseils de ses serviteurs les plus éminents, mais une perte nécessaire. Qu'on se figure une source plus féconde d'intrigues pour les partis, et de dangers pour la nation, que la présence dans l'Assemblée nationale de trois ou quatre anciens présidents en lutte pour une réélection!

La durée de la présidence et la rééligibilité du président sont deux questions connexes. Supposez que la présidence ne dure que deux années; il faudra de toute nécessité que le président soit rééligible: autrement l'homme le plus intelligent ne pourra jamais rendre que de faibles services, puisqu'il devra quitter les affaires au moment même où il commencera à les connaître. Si vous donnez, au contraire, un long terme à la présidence, dix années, par exemple, il ne faut pas que le président soit rééligible, parce que l'homme le plus médiocre arrivera toujours à se perpétuer; et que, dans un pareil laps de temps, il pourra se créer une clientèle si forte, que sa non-réélection équivaudrait presque à une révolution. Il s'agit donc ici, comme en toute chose, de trouver entre deux inconvénients opposés, un moyen terme qui satisfasse aux conditions d'un bon gouvernement. Une durée trop courte paralyserait toute l'activité du pouvoir exécutif, en ôtant au président le désir et le courage d'entreprendre l'œuvre la plus utile, faute de pouvoir la mener à fin et en recueillir l'honneur; elle ôterait toute stabilité à l'administration. sans cesse renouvelée dans son chef et dans une partie de son personnel; elle ramènerait trop fréquemment une élection qui sera toujours une source d'universelle agitation. Une durée trop longue soustrairait le président au contrôle indispensable de l'opinion publique, et lui laisserait le temps d'exercer une influence fâcheuse sur les affaires ou les institutions.

La constitution des États-Unis donne à la présidence une durée de quatre années. C'est un moyen terme entre la durée du sénat et celle de la Chambre des représentants : de cette façon, le président, pendant l'exercice de ses fonctions, voit la Chambre se renouveler deux fois tout entière, et le sénat se renouveler aux deux tiers; et, par l'usage opportun de ses droits électoraux, le peuple, en composant le congrès d'adversaires ou de partisans de l'administration, peut toujours arrêter net une action fâcheuse du pouvoir exécutif, ou fortifier celui-ci contre une faction. C'est un avantage que n'avait pas la constitution de 1848, qui donnait à l'assemblée une durée à peu près égale à celle de la présidence. Les Américains ont pensé que la durée plus longue du sénat, qui se renouvelle lentement et graduellement, garantissait à l'ensemble de l'administration, sur laquelle cette assemblée a une action sérieuse, une uniformité et une stabilité suffisantes.

Les États-Unis pourraient donc, plus facilement que dans le système de la constitution de 1848, refuser à leur président le droit d'être réélu, tandis qu'ils lui ont accordé d'être indéfiniment rééligible. Cette clause, il est vrai, fut, au sein de la convention constituante, l'objet d'une longue et sérieuse discussion. Les adversaires de la rééligibilité s'appuyaient sur deux arguments principaux : ils faisaient valoir, d'abord, les dangers d'une intervention extérieure en faveur de la réélection d'un président, dont la politique conviendrait aux puissances étrangères. Ils rappelaient l'exemple de la Pologne, victime de l'ambition et des rivalités de ses voisins, et où chaque élection avait marqué un nouveau pas vers la servitude. Ils insistaient, ensuite, sur l'indépendance plus certaine d'un président qui, ne pouvant être réélu, n'aurait point intérêt à gagner les bonnes grâces des corps de l'État ou de la multitude, et conserverait son libre arbitre en face de toutes les influences.

La majorité de la Convention se décida pour l'opinion contraire : à la fois par des raisons plus hautes, et par des motifs tirés d'une appréciation plus vraie de la nature humaine. Elle pensa qu'un président, qui ne pourrait être réélu, apporterait peu de zèle dans ses fonctions. Il est quelque chose de plus flatteur et de plus beau que d'être porté, par les suffrages du peuple, à la suprême magistrature ; c'est d'être confirmé volontairement dans cette place après expérience faite, et en pleine connaissance de cause. Sans l'espoir de cette haute récompense, aucun homme n'entreprendra de grandes choses, et ne se consacrera de tout cœur à l'accomplissement d'une œuvre pénible ou d'une réforme difficile ; rien ne le soutiendrait contre les ennuis de la lutte et l'appréhension des haines à susciter. Lorsque la meilleure conduite doit demeurer stérile, on se persuade aisément que la tranquille possession du pouvoir vaut mieux que les aventures. L'impossibilité de se faire, en si peu d'années, une réputation solide et durable, portera donc au repos et à la paresse l'esprit le plus actif ; et, dans une âme vulgaire, elle fera naître la pensée de faire profiter à ses intérêts et à la fortune des siens, ces années stériles pour la gloire.

N'y a-t-il pas quelque danger à priver le pays des services et de l'expérience de ses hommes d'État les plus en renom, à mesure que la nation les aura mis à même de se faire connaître et de donner leur mesure. Ce n'est pas seulement une contradiction singulière que de faire, de l'expérience acquise par un homme dans l'exercice du pouvoir, une cause d'exclusion pour le poste où il s'est montré habile et résolu : il peut y avoir péril à éloigner des affaires des hommes éminents et peut-être indispensables ; car il se rencontre, dans la vie de tous les peuples, des moments critiques où un pays a besoin, pour se sauver, d'avoir une confiance absolue dans l'expérience et l'habileté de celui qui conduit ses affaires. Sans même prévoir des jours de désastre, n'a-t-on pas à traverser de ces périodes difficiles où un pays a besoin de repos et de stabilité, et où un changement qui a pour conséquence une révolution administrative, peut exercer la plus fâcheuse influence ?

Les législateurs des États-Unis jugèrent suffisant que le peuple demeurât le maître de ne pas réélire un homme qui, ou ne mériterait, ou n'aurait plus sa confiance; ils ne voulurent faire un titre d'exclusion à personne d'avoir obtenu les suffrages de la nation. Ils trouvèrent dans le cœur humain d'autres garanties contre le danger possible de la rééligibilité. On peut se fier, sur ce point, à ces instincts de dénigrement et d'envie qui sont le fléau des démocraties, et à la mobilité naturelle des masses. La tendance de l'avenir, secondée par les efforts des ambitions individuelles, sera toujours vers la non-réélection du premier magistrat. Aux États-Unis, un usage, fondé sur l'exemple donné par Washington, fait que le président se retire après deux élections et n'en accepte pas une troisième. Cela est passé en règle. Mais, depuis longtemps déjà, les candidats qui veulent flatter les masses prennent l'engagement de ne pas accepter une réélection. M. Polk, candidat du parti démocratique, dans l'élection de 1844, se retira du pouvoir par suite d'une semblable déclaration; M. Cass, qui aspirait à sa succession et qui était porté par le même parti; M. Franklin Pierce, élu en 1852 et M. James Buchanan, élu en 1856 avaient contracté le même engagement dans leurs manifestes électoraux. Les démagogues sauront toujours s'adresser à l'instinct des masses, qui se dessaisissent plus facilement du pouvoir quand elles en doivent recouvrer bientôt l'exercice. Il est à remarquer que, depuis la retraite du général Jackson, jusqu'à la guerre civile qui a assuré pour quelques années la domination exclusive d'un parti, aucun président des Etats-Unis n'avait été réélu : lorsque les institutions américaines se corrompront, on peut penser que la démagogie signalera son triomphe en réduisant la durée de la présidence, de même que, dans quelques États, on a graduellement réduit de trois années à une seule la durée des fonctions de gouverneur.

C'est, en effet, la tendance de toutes les démocraties de diviser l'exercice du pouvoir et d'en abréger la durée, afin qu'un plus grand nombre de citoyens puissent y participer à leur tour. Ce que les démagogues américains appellent le *roulement* des fonctions publiques, c'est-à-dire le renouvellement perpétuel de tous les magistrats par l'élection, se retrouve dans la période de décadence de toutes les républiques. A Athènes, on substitua d'abord au roi trois archontes seulement; puis ce nombre fut porté à dix; l'archontat, de viager qu'il fut d'abord, fut limité à dix ans, puis à cinq, puis enfin à une année.

Qui aurait cru que le consulat romain pût être abrégé dans sa durée ? Cependant les empereurs, ces chefs de la démocratie la plus radicale qui fut jamais, en vinrent, afin de satisfaire plus d'ambitions et de caresser plus de vanités, à réduire le consulat à six semaines, de sorte que, dans une seule année, seize personnes pouvaient avoir l'honneur de la pourpre et des faisceaux.

La question la plus grave de toutes, et la plus malaisée à résoudre, est celle du mode d'élection à adopter pour la première magistrature.

Cette question ne saurait paraître oiseuse en France, malgré les pouvoirs qui ont été confiés au maréchal de Mac-Mahon. La situation qui a été faite au maréchal est exceptionnelle : elle n'a aucun des caractères d'une institution définitive, et ne saurait dispenser de régler l'avenir. Non-seulement il faudra pourvoir au remplacement du maréchal quand ses pouvoirs seront expirés; mais il est sage de prévoir le cas où sa succession serait prématurément ouverte par un accident, ou par une retraite volontaire.

Si le sort de la France doit demeurer confié à une assemblée unique, il ne faut plus que la désignation du premier magistrat soit laissée à cette assemblée.

Nous pourrions nous en tenir sur ce point aux observations qui ont été présentées plus haut ; mais comme le célèbre amendement qui a fait la fortune politique de M. Grévy, est devenu aujourd'hui la doctrine favorite du parti républicain, il n'est peut-être pas superflu d'ajouter quelques autres considérations dont la valeur soit indépendante des circonstances, et qui aient ainsi un caractère de vérités générales, supérieures aux calculs et aux préoccupations des partis.

Tout pouvoir se ressent de la source à laquelle il est puisé ; et une magistrature élective a d'autant plus de prestige et d'autorité, qu'une portion plus considérable du peuple concourt à l'élection.

Personne ne contestera qu'il y ait une grande différence entre un président nommé par l'assemblée nationale, et un président élu par l'universalité des citoyens, et représentant en quelque sorte la nation entière. Il est évident qu'un président, élu par la représentation nationale, ne saurait avoir vis-à-vis d'elle l'indépendance nécessaire; qu'il demeurerait, par la force des choses, dans la situation du mandataire devant le mandant, de l'effet vis-à-vis de la cause. Il n'exercerait une influence suffisante ni sur les délibérations de l'assemblée, ni sur l'ensemble des affaires. A raison même de son origine, il aurait presque un égal dans le président, également électif de l'assemblée ; et celui-ci, à la seule condition d'être habile, actif et un peu accrédité, pourra toujours contrecarrer le premier magistrat, faire échouer les propositions de ses ministres, et paralyser toute son action.

Cette rivalité inévitable n'aurait pas seulement pour effet de ruiner l'influence du chef du pouvoir exécutif sur l'assemblée ; elle mettrait la division dans tous les corps de l'Etat, dans tous les services publics. Le jour, où une majorité persévérante maintiendrait à la tête de l'assemblée un adversaire du président, celui-ci n'aurait plus que l'ombre du pouvoir, et pourrait abdiquer. Croit-on, en outre, qu'un chef du pouvoir exécutif nommé par l'assemblée aurait, vis-à-vis du peuple, le prestige qui convient au premier magistrat d'un grand Empire? La seule possibilité du conflit que nous venons d'indiquer, ne suffirait-elle pas à amoindrir considérablement le chef du pouvoir exécutif aux yeux de la nation? Ne peut-il pas arriver d'ailleurs, que l'assemblée ne soit que l'expression incomplète des volontés du pays, et que, malheureuse dans son origine, elle soit plus malheureuse encore dans le choix du président; et qu'elle élève au pouvoir un homme destiné à rencontrer peu de sympathies dans la nation?

Il est facile de prévoir, en effet, que la nomination d'un chef du pouvoir exécutif serait, au sein de l'assemblée, l'occasion de brigues et d'intrigues infinies. Chaque élection générale introduit dans une assemblée un nombre assez considérable de députés nouveaux, souvent ignorants des affaires, et qui deviennent aussitôt le point de mire de tous les partis. Ils représentent la part du hasard dans les premières opérations de l'assemblée. Il serait à craindre que la nomination du chef du pouvoir exécutif ne fût le résultat d'un entraînement ou d'une coalition entre diverses fractions de l'assemblée. Il arrivera souvent que, les forces des partis se balançant, une transaction s'opérera au détriment des hommes les plus capables de part et d'autre, ou que la nécessité de gagner à tout prix l'appoint d'une fraction peu importante par elle-même, donnera lieu à un marchandage du pouvoir et des fonctions publiques.

Voilà d'invincibles raisons qui paraissent de nature à faire repousser la nomination du président par l'assemblée nationale et à lui faire préférer l'élection par le peuple. Nous comprenons, cependant, qu'on se prononce pour l'un ou pour l'autre système; mais il faut se décider franchement entre eux. La constitution de 1848 ne l'avait pas fait cependant. Elle n'avait pas osé ôter explicitement au peuple le choix de son premier magistrat, mais elle avait cherché à le lui enlever sournoisement. Elle porte que le président devra réunir la majorité absolue des votants ; autrement, il sera choisi par l'assemblée entre les cinq candidats qui auront obtenu le plus de voix. Il devait résulter de cette combinaison qui fut déjouée par le prestige irrésistible, et imprévu de tous, du nom de Napoléon, que, neuf fois sur dix, l'assemblée eût été appelée à nommer le président.

Dans la situation difficile où se trouve la France, le périlleux honneur de la présidence ne peut être sollicité que par des hommes qui se sentent une certaine force d'âme et d'intelligence, et qui aient derrière eux un parti qui leur serve de point d'appui. Mais supposons le calme rétabli ; les médiocrités ne seront plus alarmées par l'immensité du fardeau, et ne craindront plus que leur ambition paraisse disproportionnée avec leur mérite ; on verra alors tous les chefs de coteries se mettre à la fois sur les rangs. Chacun des grands intérêts du pays, pour ne pas dire chaque province, aura son candidat de prédilection : ceux qui auront plus d'influence dans l'assemblée que dans le pays, favoriseront par tactique la multiplication des candidatures ; l'éparpillement des votes ne manquera jamais de donner l'élection réelle à l'assemblée ; et la faculté attribuée à celle-ci, de choisir entre les cinq candidats les plus favorisés, réduira à rien la désignation populaire.

Aux États-Unis, où deux partis seulement sont en présence, et où le petit nombre des électeurs présidentiels rend la majorité plus facile à former, le congrès a déjà été appelé, trois fois sur quinze, à user de son droit de préemption. En France, ce fait se présenterait bien plus fréquemment; et il pourrait arriver, si le système de la constitution de 1848 était adopté, qu'un citoyen, honoré de plusieurs millions de voix, ayant obtenu la moitié moins un des suffrages de la nation, fût écarté parce qu'une dizaine d'ambitieux vulgaires se seraient partagé l'autre moitié. Si l'assemblée doit prendre toujours le candidat le plus favorisé des électeurs, la liberté de choisir que lui donne la constitution est un mensonge ; et le jour où, faisant usage de cette liberté, elle repoussera le premier candidat pour prendre le second, il s'élèvera contre elle un mécontentement formidable. Il n'en faut d'autre preuve que l'agitation extrême qui se produisit d'un bout à l'autre des États-Unis, lorsqu'en 1825, le congrès américain écarta le général Jackson, et appela à la présidence John Quincy Adams qui avait eu moins de voix que le général.

Il semble donc qu'il vaille mieux se contenter de la majorité relative, en fixant un minimum de voix en rapport avec l'importance des fonctions conférées à l'élu. En tout cas, il faut se décider entre l'élection par l'assemblée ou l'élection par le peuple, et ne pas introduire dans les institutions le simulacre mensonger et dangereux d'une élection populaire qui serait, en réalité, soumise au contrôle et à la révision de l'assemblée nationale. Cette sorte de fraude vis-à-vis du suffrage universel, n'aboutirait qu'à jeter les germes d'une lutte funeste entre les représentants et la majorité de la nation.

On sait quelle est la procédure adoptée pour l'élection du président des États-Unis : c'est une élection à deux degrés qui équivaut, en réalité, à une élection directe. Chaque État nomme un nombre d'électeurs égal à sa représentation dans le congrès, ce qui donne environ trois cent vingt-cinq électeurs pour toute l'Union. Ces électeurs, qui doivent être étrangers à toute fonction publique, même à celle de membre du congrès, se réunissent au chef-lieu de leur État, et votent par écrit, sous pli cacheté, pour le président et le vice-président. Les votes sont ouverts et comptés, à Washington, au sein du congrès. S'il n'y a point de majorité absolue en faveur d'un candidat, la chambre des représentants choisit entre les trois plus favorisés. Dans la pratique, cette procédure équivaut à une élection directe, parce qu'il n'existe aux États-

Unis que deux grands partis dont les forces se balancent. Chacun des deux, dans des réunions préparatoires, où tous les États sont représentés par des délégués, choisit son candidat, sur lequel il concentrera tous ses votes; et, au sein des États, les électeurs, nommés au scrutin de liste, acceptent un mandat impératif, qui assure leur vote au candidat adopté par le parti. Suivant la liste d'électeurs présidentiels qui l'emporte dans tel ou tel État, il est facile de calculer le nombre de voix acquis à chaque candidat.

Il en résulte que, presque toujours, le résultat de l'élection est connu avant qu'elle ait eu lieu; il en résulte aussi que tous les candidats parasites sont écartés, et ne viennent pas diviser les votes et empêcher la majorité absolue de se former. Il n'en sera plus ainsi le jour, prochain peut-être, où il y aura aux États-Unis trois partis au lieu de deux; alors le congrès sera plus fréquemment appelé à faire usage de son droit de préemption. Mais le mécanisme de l'élection aura toujours pour effet d'empêcher la multiplication infinie des candidats et le trop grand éparpillement des votes, tout en laissant aux suffrages populaires leur liberté et leur légitime influence. Dans les États particuliers, le gouverneur, qui répond au président de l'Union, est élu directement par le peuple. La Virginie était, avant la guerre civile, le seul État qui fît nommer son premier magistrat par les deux chambres, réunies en assemblée électorale.

Lorsque la présidence des États-Unis devient vacante avant le terme légal, le président est remplacé par le vice-président, élu en même temps que lui, et, à défaut de celui-ci, par le président de la chambre des représentants. C'est à titre de vice-président que M. Tyler a remplacé, en 1841, le général Harrison, mort au début de ses fonctions; que M. Millard Filmore a remplacé, en 1850, le général Taylor, enlevé par le choléra; et M. Andrew Johnson, en 1865, le président Lincoln assassiné. Il est arrivé deux fois, dans l'État de New-York, qu'on a dû appeler successivement au poste de gouverneur, le vice-gouverneur et le président de la seconde chambre. On en trouverait aussi des exemples dans l'histoire de quelques autres États. Ce n'est donc point à tort que la constitution américaine a désigné deux remplaçants éventuels au poste de président; et l'on comprend que la vice-présidence soit un grand honneur aux États-Unis.

La constitution de 1848 voulait que lorsque la présidence viendrait à vaquer, il fût procédé, dans le mois, à l'élection d'un nouveau président. Le vice-président, nommé par l'assemblée nationale sur la présentation du président, avait pour attribution à peu près unique la présidence du conseil d'État: l'importance de ses fonctions était donc loin d'être en rapport avec l'éclat de son titre.

Quatre années peuvent être considérées comme une période bien courte de la vie humaine, et, cependant, comme nous venons de le dire, trois présidents des États-Unis n'ont pu atteindre le terme de leur magistrature. L'expérience commande donc de prévoir la possibilité d'une vacance inopinée du pouvoir; tous les esprits sages admettront qu'il convient, en désignant d'avance un successeur éventuel du président, d'éviter au pays, non-seulement la secousse violente d'une élection imprévue, pouvant équivaloir à un changement de politique, mais même les crises passagères que ne manqueraient pas de produire les moindres indispositions du premier magistrat.

Confier la désignation du vice-président aux mêmes électeurs, qui choisissent le président, est évidemment le mode le plus simple et le plus pratique : il offre cet autre avantage, que le premier magistrat et son remplaçant éventuel, élus en même temps et de la même façon, à la faveur du même mouvement d'opinion, seront rarement divisés de vues et d'intérêts, et que la substitution de l'un à l'autre n'aura point de contre-coup dans la politique.

En résumé, si l'on veut constituer un pouvoir exécutif

capable d'exercer une action sérieuse, et investi d'une autorité morale suffisante vis-à-vis du pays et vis-à-vis des puissances étrangères, il faut s'adresser directement à la souveraineté nationale, et au suffrage universel qui en est la seule expression incontestable. Cette solution a pu prévaloir par la seule force du raisonnement aux États-Unis, où il y avait des divergences d'opinion, mais où il n'y avait pas encore de partis, et où personne ne songeait à identifier ses propres doctrines et ses attachements personnels avec le salut du pays, afin d'avoir le prétexte d'en mettre le triomphe au-dessus du bien public. Elle n'a aucune chance d'être adoptée en France, où les calculs des partis étouffent la voix de la logique, et, trop souvent, même, celle du patriotisme. Les raisons qui la feront écarter se devinent aisément, par les espérances qu'un appel au suffrage universel inspire aux uns, et par les craintes qu'il fait naître chez les autres.

Il est donc probable que l'on s'arrêtera à un moyen terme, et qu'après avoir institué deux chambres, on leur demandera de se réunir en un collége électoral qui désignera le chef du pouvoir exécutif. Si les deux chambres procèdent du suffrage universel, on aura ainsi une élection à deux degrés; mais l'on n'échappera point aux périls que l'on redoute; car, le vote à émettre dans l'élection du président deviendra la condition déterminante du choix des députés et des sénateurs. Si la seconde chambre doit être composée, en tout ou en partie, de membres nommés par le chef du pouvoir exécutif, celui-ci sera bien vite accusé d'être dirigé dans son choix par des considérations de personne ou de parti; et un discrédit inévitable s'attachera à cette seconde assemblée.

On voit à quels écueils on se heurte de tous côtés, lorsqu'on cherche, en dehors de tout calcul, et par les seules lumières de la raison, à résoudre ce difficile problème de l'institution d'un gouvernement libre. Il est impossible de ne pas faire observer que la monarchie constitutionnelle, tout en assurant à la volonté nationale le dernier mot dans toutes les questions, écarte ces difficultés redoutables qui sont, au contraire, inséparables de la forme républicaine. C'est là ce qui explique pourquoi, malgré la séduction incontestable des idées républicaines, l'étude et la pratique des affaires en éloignent la plupart des esprits réfléchis.

BIBLIOTHÈQUE NATIONALE R.F. IMPRIMÉS

IX

DES RAPPORTS ENTRE LE POUVOIR EXÉCUTIF ET LE POUVOIR LÉGISLATIF

Le législateur n'a rempli que la moitié de sa tâche, lorsqu'il a constitué, l'un en face de l'autre, le pouvoir législatif et le pouvoir exécutif: ces deux pouvoirs ont entre eux des rapports nécessaires, qu'il convient de régler pour prévenir les conflits. L'expérience a même montré que l'une des plus grandes difficultés de la politique est de contenir chaque pouvoir dans la limite de ses attributions.

Le pouvoir exécutif est nécessairement permanent, parce que l'action gouvernementale ne saurait être suspendue un seul instant. En doit-il être de même du pouvoir législatif, appelé à le contrôler? Convient-il d'attribuer au pouvoir exécutif le droit d'intervenir dans la réunion ou la séparation de la représentation nationale?

Le pouvoir législatif étant l'expression la plus haute de la souveraineté doit régler lui-même ses propres mouvements. Il semble donc désirable que ce soit la constitution qui fixe l'époque de la réunion annuelle de la représentation nationale. Il en est ainsi en Belgique, où les deux chambres se réunissent, sans convocation et obligatoirement, le 1er novembre de chaque année. En Angleterre, où l'année financière commence le 1er avril, et où le budget des dépenses doit être voté avant cette date, la convocation du parlement ne peut guère être différée au delà du milieu de février: elle est réglée, en réalité, par la date des fêtes de Pâques, qui interrompent pendant dix jours les travaux parlementaires. Le ministère tient compte de cette interruption prévue, quand il fixe le jour de la réunion des chambres. Le parlement ne s'assemble jamais que sur une convocation de la couronne, excepté en cas de mort du souverain : il doit alors se réunir immédiatement sans qu'il soit besoin d'une convocation.

Aux Etats-Unis, la session du congrès s'ouvre obligatoirement le premier lundi de décembre; et, n'y eût-il que trois membres présents, ils peuvent prendre toutes les mesures de rigueur, depuis l'amende jusqu'à l'emprisonnement, pour contraindre leurs collègues à venir les rejoindre. C'est le congrès qui détermine lui-même, par un vote simultané des deux chambres, l'époque de sa séparation : seulement, quand le sénat et la chambre des représentants ne peuvent s'entendre à ce sujet, le président est pris pour arbitre et fixe le jour de la prorogation. Le président des États-Unis, dans l'intervalle des sessions régulières, a toujours le droit de convoquer extraordinairement, soit le sénat seul, s'il s'agit d'un traité à négocier, soit les deux chambres.

La constitution de 1848, par son article 32, déclarait l'assemblée législative permanente. La logique le voulait ainsi : du moment que l'on concentrait tous les pouvoirs dans une assemblée unique, en ne laissant au président que le rôle d'instrument, il fallait que le foyer, d'où devait partir toute impulsion administrative et politique, fût toujours présent. Une commission spéciale, composée des membres du bureau et de vingt-cinq représentants, nommés par l'assemblée au scrutin secret et à la majorité absolue, suppléait l'assemblée pendant les vacances que celle-ci s'accordait, et avait le droit de la convoquer en cas d'urgence. Ce droit appartenait également au président. La permanence était donc la règle, même pour l'assemblée législative ordinaire; les vacances étaient une concession à la faiblesse humaine; encore, les partis, dans l'acharnement de leurs luttes, ne les acceptaient-ils qu'à regret. L'expérience qui a été faite de la permanence des assemblées, pendant la première révolution et sous la république de 1848, et qui n'est pas démentie par le spectacle que nous avons sous les yeux, prouve que rien n'est plus nuisible à l'autorité et à la considération d'une assemblée, qu'une trop longue durée des travaux parlementaires. Pendant que les assemblées, enivrées de leur puissance et étourdies de leur propre bruit, cessent de se rendre compte des véritables sentiments du pays, les intérêts qui ressentent le contre-coup de toutes les agitations politiques, recevant une blessure nouvelle à chaque crise parlementaire, font remonter aux assemblées la responsabilité de leurs souffrances, et appellent de tous leurs vœux un régime moins bruyant, et moins fécond en secousses.

La commission de permanence, dont le rôle, de tout temps, s'est réduit à des conversations oiseuses, n'acquerrait quelque utilité que si, au pouvoir d'abréger les vacances parlementaires, elle joignait celui de les prolonger, lorsque rien d'urgent ne réclame la présence de la représentation nationale. Le mieux serait de régler par la loi, non-seulement l'époque, mais la durée des sessions, et de ne point craindre de renfermer l'action législative dans des limites étroites. C'est le plus sûr moyen de lui conserver la popularité qui fait sa force. Il ne peut y avoir aucun inconvénient à confier au chef du pouvoir exécutif le droit de convoquer en session extraordinaire les représentants du pays. Il n'est pas à craindre qu'il use de ce droit sans nécessité. Il n'est pas à redouter, non plus, qu'il attende trop tard, en cas d'événements graves, puisque la présence et l'appui de la représentation nationale peuvent seuls lui donner la force et les moyens de faire face aux grandes nécessités.

Convient-il d'armer le chef du pouvoir exécutif du droit de dissoudre les chambres aussi bien que de les convoquer? Dans les monarchies, le droit de dissolution est accordé à la couronne comme un moyen de résoudre les conflits, qui peuvent surgir entre le gouvernement et la représentation nationale, ou bien entre les deux chambres. Lorsqu'une des deux chambres est permanente, comme la chambre des Lords ou le sénat de l'Empire, la dissolution est l'unique moyen d'appeler le pays à prononcer entre elles.

La constitution belge accorde au roi le droit de dissolution, bien que les deux chambres soient temporaires; mais le renouvellement n'étant pas intégral, et ayant lieu à des intervalles inégaux pour le sénat et la chambre des représentants, les élections ordinaires ne peuvent être considérées comme l'expression du verdict national, puisqu'une moitié seulement de la nation y prend part. Il était donc utile que le chef du gouvernement fût investi, pour les circonstances graves, du droit d'appeler la nation entière à se prononcer.

Le droit de dissolution n'a rien d'exorbitant dans une monarchie, où le chef héréditaire du pouvoir exécutif partage la souveraineté, et représente des intérêts permanents, au nom desquels il renvoie les mandataires de la nation devant la nation elle-même, pour que celle-ci fasse connaître sans ambiguïté son sentiment; mais il est sans exemple que ce droit ait été conféré à un citoyen dans une république; et il semble qu'un président qui, à toutes les prérogatives nécessaires du pouvoir exécutif, joindrait encore le droit de mettre fin au mandat des élus de la nation, ne serait autre chose qu'un monarque électif, investi par le fait de pouvoirs plus étendus que ceux d'aucun monarque héréditaire. Il pourrait arriver qu'un président usât du droit de dissolution contre ses propres ministres, en essayant de briser la majorité sur laquelle ceux-ci s'appuieraient.

Mais, s'il n'est pas possible de conférer le droit de dissolution à un simple citoyen, ce droit ne pourrait-il être attribué à la chambre la moins nombreuse, qui pourrait, sur la proposition du pouvoir exécutif, prononcer la dissolution de l'autre chambre? La nécessité d'obtenir l'adhésion de la première chambre serait une garantie contre un usage inconsidéré du droit de dissolution.

Sans méconnaître le mérite de cette combinaison ingénieuse, on peut demander s'il y a nécessité d'y recourir; et la réponse dépend de la solution d'une question toute différente : la durée qu'on assignera à l'existence des chambres. Si la chambre issue directement du suffrage universel doit se renouveler fréquemment, comme aux États-Unis, par exemple, où la chambre des représentants est réélue tout entière, tous les deux ans, on peut considérer le droit de dissolution comme superflu. Comme le seul objet possible d'une dissolution est d'appeler la nation à faire connaître son sentiment, on peut soutenir, avec une grande vraisemblance, ou que le temps qui s'est écoulé, depuis la dernière élection, est trop court pour qu'il ait pu se produire un changement sensible dans le courant de l'opinion publique, ou qu'il est inutile d'avancer de quelques mois une élection générale, que le terme naturel du mandat législatif amènera nécessairement dans un faible intervalle.

Si nos législateurs tiennent compte du tempérament de notre nation, il est peu probable qu'ils imposent à la France, tous les deux ans, l'épreuve d'une élection générale. Quatre années semblent la moindre durée qu'on puisse, avec prudence, assigner à la chambre des députés. Quatre années sont une période assez longue, pour qu'il puisse se produire des circonstances qui nécessitent de consulter la nation entière : il n'est donc pas inutile d'ouvrir au gouvernement une voie légale qui conduise à la dissolution ; et comme il ne faut pas que le pays puisse être jeté dans une crise, comme celle qui accompagne toujours une élection générale, pour quelque question d'amour-propre de la part du président, ou même pour un intérêt ministériel, l'expédient de faire intervenir une des branches de la législature est la combinaison la plus satisfaisante que l'on puisse trouver. Le chef du pouvoir exécutif ne peut avoir aucune objection à un partage, qui a pour conséquence d'alléger sa propre responsabilité.

On a songé, à diverses reprises, en France, à fractionner le renouvellement de la représentation nationale en ne soumettant à la réélection, tous les deux ans, qu'une moitié ou qu'un tiers des députés. Si le but qu'on se propose est d'atténuer la perturbation qu'une élection générale jette dans les esprits et dans les affaires, on aurait tort de fonder de grandes espérances sur une pareille combinaison. L'agitation ne serait guère moins intense que pour une élection générale; et les conséquences, au point de vue politique, en seraient presque égales, le parti victorieux ne manquant jamais d'interpréter un verdict partiel comme l'expression du sentiment universel. C'est, précisément, à cause de cette tendance inévitable du public que, même avec le système du renouvellement partiel, s'il venait à être adopté, on devrait laisser subsister le droit de dissolution. Il en est ainsi, du reste, en Belgique, où les deux chambres se renouvellent par moitié : la constitution a laissé à la couronne la faculté de faire appel au pays entier. Seulement, le législateur belge a prévu le cas où le pouvoir exécutif voudrait gouverner, en s'appuyant exclusivement sur une chambre, et mettre à profit l'absence de la chambre dissoute pour porter atteinte à la constitution. Une disposition spéciale déclare nulle toute décision prise par le sénat en l'absence de la chambre des représentants. C'est une garantie que la seconde chambre réclamera, sans doute, en France, comme une compensation du droit de dissolution conféré à la première.

Quelle est, maintenant, la part qui revient à chacun des deux pouvoirs, exécutif et législatif, dans la direction et l'expédition des affaires publiques? C'est là la question la plus délicate et la plus grave de toutes, et, nous le craignons, la moins généralement comprise en France.

Pourquoi le régime représentatif, dont la théorie est si simple et, on peut le dire, si évidente, dont les bases sont si rationnelles, et qui semble le seul conforme à la dignité humaine, n'a-t-il jamais donné de bons résultats en France? L'incurable stérilité dont il semble atteint, l'a frappé de déconsidération et de discrédit dans l'opinion du plus grand nombre; et le mot de *parlementarisme*, par lequel on le désigne dédaigneusement, n'éveille plus dans les esprits d'autres idées que celles de parlages sans fin, de temps inutilement consumé, et d'impuissance.

Cette infécondité ne peut être inhérente au principe même du régime constitutionnel, puisque les mêmes institutions, qui ont abouti en France à un avortement, donnent ailleurs des résultats aussi satisfaisants qu'incontestables. On ne voit point qu'en Angleterre, aux États-Unis, en Belgique, en Italie même, on se plaigne que les affaires du pays ne se fassent pas ou se fassent mal, ni que l'on songe à réclamer un autre mode de les faire.

L'insuccès des institutions représentatives, en France, ne tiendrait-il pas à ce que le rôle des assemblées a été mal compris dans notre pays; à ce que des idées erronées s'y sont accréditées sur la tâche qui revient à chacun des pouvoirs? Par un fatal enchaînement de circonstances, et sous l'empire des réactions contraires qui marquent chacune de nos révolutions, on nous a vus tendre à l'excès ou affaiblir outre mesure les ressorts du gouvernement.

L'erreur la plus répandue dans ce pays, éternellement dupe des mots, est de se laisser abuser par le nom du pouvoir exécutif, et de ne plus voir, dans le gouvernement, qu'un agent d'exécution au service des assemblées. Celles-ci ne se bornent pas à contester au gouvernement l'initiative qui lui appartient, et à s'emparer elles-mêmes de la direction générale des affaires; elles veulent entrer jusque dans le détail, et elles finissent même par s'immiscer dans l'administration.

C'est une méprise complète sur la tâche qu'elles ont à remplir. Le pouvoir exécutif est le serviteur du pays, et non le serviteur des assemblées. C'est à lui qu'appartiennent l'initiative et la direction, la conduite des affaires dans l'ensemble et dans le détail : en un mot, le gouvernement. La mission des assemblées est une mission de contrôle. L'ancienne maxime : *Lex fit consensu populi et constitutione regis*, ne s'applique pas seulement à l'ancienne royauté française, avant qu'elle eût dégénéré en despotisme : elle est de tous les temps et de tous les pays; elle attribue au gouvernement, quel que soit le nom qu'il porte, l'initiative et la direction, et aux représentants de la nation le droit de ratification.

Le bon sens populaire, pas plus que la loi écrite, n'admettrait que, dans une entreprise commerciale ou industrielle, les commanditaires ou les actionnaires intervinssent dans la conduite des affaires sociales, et prétendissent en subordonner la gestion à leurs vues. Toute entreprise ainsi administrée marcherait à une ruine aussi prompte que certaine. La loi se borne à réserver aux intéressés la vérification et l'approbation des comptes, le maintien ou le remplacement des administrateurs ou des gérants, qui sont jugés d'après les résultats de leur gestion.

Cette confusion des rôles, qui nous paraît inadmissible dans la conduite des affaires de la plus médiocre importance, a été, cependant, la pratique invariable de notre nation, dans la gestion de cette immense société qui embrasse le pays tout entier.

Là est le grand péril qu'il convient de signaler aux véritables amis du régime représentatif. C'est à eux qu'il appartient de réagir contre les idées fausses, trop accréditées parmi les libéraux. S'ils ne veulent pas qu'un jour, dans un de ces mouvements de brusque réaction auxquels notre pays est sujet, les intérêts lésés, imputant leurs souffrances et la paralysie des affaires à l'absence d'un gouvernement fort, et entraînant avec eux les masses populaires, ne fassent pas trop grande la part du pouvoir exécutif, en lui sacrifiant les garanties de la liberté et jusqu'au droit de contrôle, les libéraux doivent être les premiers à assurer à ce pouvoir sa part légitime, en reconnaissant son droit à la direction effective des affaires.

Loin que le pouvoir exécutif doive être tenu en tutelle, et que son action doive être subordonnée à la direction législative, ce qui ne pourrait que l'entraver et le paralyser, il est indispensable, au contraire, qu'il ait une part d'influence et de direction dans les travaux du pouvoir législatif. Comme il est responsable, vis-à-vis de celui-ci, de la bonne gestion des affaires publiques, il doit, en retour, être certain d'obtenir, à l'heure même où il en a besoin, les autorisations et les approbations qui lui sont nécessaires pour remplir efficacement sa tâche.

C'est parce qu'il n'a jamais été satisfait à cette condition indispensable, que la marche des affaires est si lente en France, et qu'aucune réforme, aucun progrès, n'y semblent possibles sans l'action énergique du despotisme.

Ici, la précision des détails peut seule porter la conviction dans les esprits. Ne craignons donc point de prendre les choses par le menu, et de mettre en regard la façon dont les assemblées fonctionnent, en France et en Angleterre.

Que s'est-il passé, de tout temps, dans les assemblées françaises ? Une loi sort d'une enquête longuement poursuivie, ou des travaux d'une commission spéciale ; elle a été élaborée par des chefs de service expérimentés, et revue minutieusement dans tous ses détails par le conseil d'État. On la soumet au pouvoir législatif : quel que soit le soin qui ait présidé à sa préparation, et quelque besoin urgent que le gouvernement en puisse avoir, elle sera renvoyée à une commission. Les hommes, plus ou moins compétents, qui composent cette commission, recommencent immédiatement, pour leur compte personnel, mais aux frais du public, toutes les études qui ont déjà été faites. Il leur faut des explications infinies, et des documents rédigés exprès pour eux ; ils prescrivent des recherches et harassent le personnel administratif de leurs exigences, comme s'il était indispensable de faire table rase de tous les travaux antérieurs. Un temps précieux se perd à lever des objections naïves, à satisfaire les esprits pointilleux et subtils, à réduire au silence les hommes à systèmes, qu'on retrouvera devant soi dans la discussion publique. Souvent, pour aboutir, il faut faire des concessions regrettables; car cette confiance implicite qu'ils refusent au gouvernement, les députés, dispensés de tout travail personnel et de toute étude, n'hésitent pas à l'accorder à une commission incompétente; et ils votent presque aveuglément ses conclusions.

Le gouvernement est-il même sûr que ses projets de loi, même remaniés et altérés, arriveront à la discussion? Tantôt les intérêts puissants, qu'une réforme menace, se coalisent et manœuvrent pour l'écarter de l'ordre du jour; tantôt les discussions irritantes que l'esprit de parti excelle à susciter, ou les interpellations qui sont le triomphe des beaux diseurs, viennent se mettre à la traverse. La fin de la session arrive, et il faut que le gouvernement renonce à la réforme qu'il avait préparée ou aux pouvoirs qu'il avait demandés, s'il ne veut faire, de la mise en discussion de ses projets de loi, une question de cabinet.

Quel est le sort invariable de la loi la plus importante de toutes, le budget? Il semblera à tout esprit non prévenu que, les besoins auxquels il faut pourvoir se reproduisant d'année en année, et les services publics, qui correspondent à ces besoins, conservant toujours la même organisation, il doit y avoir également une certaine fixité dans les dépenses; et que l'examen des variations, qui peuvent se produire, d'une année à l'autre, dans les demandes de chaque ministère, doit être aussi prompt que facile. On est confirmé dans cette opinion, lorsque l'on voit que, dans certains pays constitutionnels, comme la Bavière, le budget est voté pour des périodes de deux et de trois ans. Il n'en va pas ainsi en France, où l'examen du budget est une œuvre de Pénélope.

Cet examen est confié à une commission composée de personnes nécessairement peu familières avec les détails de l'administration, et qui se mettent à la besogne, comme si l'organisation des services publics datait d'hier, et comme si la presque totalité des dépenses n'avaient pas le caractère d'une inexorable nécessité. Tous les crédits sont passés au crible, comme s'ils allaient être votés pour la première fois; et il faut, tous les ans, dans des notes identiques, reproduire, pour les commissions qui se succèdent, les mêmes explications. Ce n'est plus un seul ministère qui est mis en réquisition, pour fournir des documents cent fois imprimés, et des éclaircissements cent fois répétés; c'est le personnel entier des administrations publiques, qui est détourné de sa tâche régulière pour faire, dans d'incessantes conférences, l'éducation financière et administrative de quelques députés. Trois mois, et souvent davantage, sont ainsi employés pour aboutir à quel résultat? Malgré les mutilations imposées à certains services publics dans des années calamiteuses, la moyenne des réductions de dépenses, proposées par les commissions du budget et votées par les chambres, est assurément au-dessous d'un quart pour cent; encore ne fait-on pas entrer, dans le chiffre de la dépense définitive, le montant des crédits extraordinaires ou supplémentaires, votés ou ratifiés postérieurement aux budgets. Cette économie infinitésimale est loin de compenser ce qu'elle fait perdre de temps à toutes les administrations publiques, et ce qu'elle coûte au pays par la prolongation inutile des sessions.

Ce ne seraient là, après tout, que de légers inconvénients; mais les résultats de ce système sont surtout fâcheux en ce qui concerne le budget des recettes.

Le ministre des finances, qui connaît mieux que personne les besoins du trésor et les ressources contributives du pays, et dont la responsabilité est engagée, a recherché, dans une étude patiente et attentive, les moyens d'assurer l'équilibre des recettes et des dépenses; et il présente un ensemble de mesures combinées pour atteindre ce but. Peut-il se faire l'illusion de croire que son œuvre sera respectée, et que ses combinaisons auront chance d'être acceptées ? Tous les faiseurs de systèmes se jettent aussitôt à la traverse ; ils ont tous un spécifique particulier qu'ils viennent exposer, une première fois, au sein de la commission du budget, et qu'ils exposeront une seconde fois devant la chambre entière, à titre d'amendement. Ce défilé de fantaisies financières ne fait qu'exciter la commission du budget à se mettre, à son tour, en frais d'invention ; elle croirait faillir à sa tâche, si elle ne renversait de fond en comble l'édifice laborieusement élevé par l'administration des finances ; elle retranche d'un côté, elle ajoute de l'autre; et l'œuvre qu'après de longs débats, elle soumet à la sanction de la Chambre n'est plus reconnaissable pour son auteur.

Cette lente et pénible gestation est à elle seule un inconvénient grave. Les propositions du ministre comprennent-elles une augmentation de taxes ? On s'empresse partout de faire des approvisionnements considérables, et d'acquitter les droits avant qu'ils soient élevés : le Trésor perd ainsi, pour une période assez longue, le bénéfice de l'augmentation proposée. S'agit-il, au contraire, d'une réduction ? Le commerce suspend aussitôt toute opération jusqu'à la décision définitive; et le Trésor n'effectue pas des recettes sur lesquelles il avait droit de compter.

Mais le plus grand inconvénient de ce système est l'impuissance, à laquelle il condamne tout ministre des finances. Comment, dans de pareilles conditions, est-il possible de songer à opérer la moindre réforme ? Comment asseoir un édifice sur ce sable mouvant? En finances, les réformes ne peuvent s'improviser ; elles ont besoin, non-seulement d'être mûries, mais d'être préparées à l'avance ; et elles ne peuvent être accomplies d'un seul coup. Comme il faut assurer l'équilibre du budget, le ministre des finances, avant d'opérer une réduction ou une transformation d'impôt, qui peut se traduire par une diminution de recettes, doit tenir en réserve une ressource équivalente au revenu qu'il sacrifie. On n'abandonne une source de revenu, dont le produit est connu et assuré, que dans la perspective de trouver une compensation indirecte dans le développement d'autres perceptions; mais cette compensation, qui doit provenir des progrès d'une branche de commerce ou d'industrie, ne s'obtient pas du premier jour. Il faut pouvoir l'attendre, sans que l'équilibre du budget soit compromis; et souvent il peut être nécessaire d'acquérir toute sécurité à cet égard, par la prolongation d'une surtaxe impopulaire, ou par l'aggravation momentanée de quelques droits.

La réforme qui a transformé le système financier de l'Angleterre, et qui est, pour nous, un juste sujet d'admiration et d'envie, a exigé plus de vingt années de calme et de prospérité pour s'accomplir; et il a fallu quatre années à sir Robert Peel, pour en poser les premiers jalons. Quel ministre des finances, de ce côté du détroit, peut songer à une combinaison, qui embrasserait deux années, et qui le mettrait aux prises avec deux commissions du budget? Dans les conditions où le gouvernement se trouve placé, en France, c'est en vain qu'on mettrait à sa tête un Colbert, un Turgot ou un Robert Peel; le plus puissant génie serait impuissant, même à rien tenter.

Voyons maintenant comment les choses se passent en Angleterre : il nous sera facile de reconnaître combien un sentiment plus juste du rôle de chaque pouvoir fait au gouvernement anglais une situation plus facile, et plus favorable au progrès. Là, les ministres, après s'être mis, préalablement, d'accord avec le chancelier de l'Échiquier, sur le montant total des crédits qu'ils peuvent demander, présentent et défendent séparément le budget de leur département. Chaque ministre fait donc imprimer et distribuer à la Chambre des Communes, dès le début de la session, ses prévisions de dépenses (*estimates*) pour l'exercice qui va s'ouvrir. Cette publication contient, en regard de chaque demande, le chiffre du crédit accordé à la session précédente; et de courtes notes expliquent chaque augmentation ou chaque réduction. Les crédits se votaient autrefois par grands chapitres : depuis quelques années seulement, chaque chapitre est divisé en un certain nombre d'articles. Au jour qu'il a indiqué d'avance, chaque ministre prend la parole pour présenter son budget, et justifier ses demandes de crédit : dans la discussion qui s'engage, après l'exposé du ministre, les hommes compétents prennent seuls la parole pour formuler des réserves, ou présenter des observations critiques ; et le vote a lieu immédiatement. Il suffit donc à la Chambre des Communes de sept ou huit séances pour voter en détail le budget des dépenses ; et cette tâche est toujours terminée pour les derniers jours de mars ; parce que l'exercice financier commence le 1er avril.

Quand le chiffre total de la dépense, à laquelle le Trésor devra faire face, se trouve définitivement fixé par le vote de tous les budgets ministériels, c'est au chancelier de l'Échiquier à faire connaître comment il compte y pourvoir. C'est là l'objet de l'exposé financier, qui est le grand événement de chaque session. Après avoir évalué le produit des impôts existants, le chancelier de l'Échiquier explique comment il se propose d'assurer l'équilibre des recettes et des dépenses. Il fait connaître les impôts dont il modifie l'assiette, ceux qu'il supprime ou qu'il réduit, ceux qu'il augmente ou qu'il croit devoir établir ; et il donne lecture, en terminant, des résolutions dans lesquelles chacun de ces changements se trouve formulé. Les principaux orateurs de l'opposition indiquent brièvement les réserves qu'ils croient devoir faire, au sujet des propositions du ministère ; et la Chambre vote ensuite, sans discussion, les résolutions qui sanctionnent ces propositions. Le budget des recettes est donc toujours voté en une seule séance ; et comme les décisions de la Chambre des Communes, en matière d'impôts, sont immédiatement exécutoires, le télégraphe les porte à la connaissance de tous les agents du Trésor, chargés de les appliquer.

Quelques heures à peine après le vote du budget, la matière imposable est partout assujettie au régime nouveau : elle subit partout les augmentations de droits, ou profite des réductions, sans qu'il puisse y avoir le moindre mécompte pour le Trésor. Le secret profond que le chancelier de l'Échiquier garde sur ses projets financiers, jusqu'au moment où il prend la parole au sein de la Chambre des Communes, prévient et rend impossible toute spéculation au détriment des finances publiques.

Ce blanc-seing donné au chancelier de l'Echiquier, en matière de taxation, est la conséquence logique de sa responsabilité. Quel compte une Chambre française peut-elle, équitablement, demander de sa gestion, à un ministre des finances qui a les mains liées, dont l'initiative est enchaînée par une procédure interminable, et qui n'a même pas le choix des moyens par lesquels il remplira la tâche qu'on attend de lui ? En Angleterre, le chancelier de l'Échiquier est jugé d'après les résultats du système dont il a assumé la responsabilité. S'il s'est trompé dans ses calculs, s'il n'a pas assuré l'équilibre, si les changements dont il a pris l'initiative ont produit un résultat inverse de ses prévisions, s'il a porté atteinte à la prospérité d'une industrie ou diminué inutilement le revenu public, il devance par une retraite volontaire le verdict de la Chambre des Communes, ou il entraîne dans sa chute le ministère dont il fait partie. Si l'événement a justifié ses prévisions, s'il a créé des ressources nouvelles, ou s'il a su soulager les contribuables sans réduire le revenu de l'État, l'opinion publique le soutient et l'encourage ; et une Chambre, même secrètement hostile, n'oserait lui marchander son concours.

Voilà l'application logique, sensée et sérieuse du régime représentatif, dont l'esprit véritable consiste à ne jamais séparer l'action de la responsabilité. Au gouvernement la direction effective, au parlement le contrôle des moyens et l'appréciation des résultats : chacun est dans son rôle en Angleterre ; cela s'est-il vu souvent en France ?

Dira-t-on qu'à ce compte, le pouvoir législatif est exclu de toute intervention dans les questions financières ; qu'aucune réforme ne peut se réaliser, et même se produire au grand jour, s'il ne se rencontre un chancelier de l'Échiquier qui l'adopte; et qu'aucun impôt ne peut plus être mis en discussion? Ce serait une erreur. La Chambre des Communes vote le budget des recettes presque sans discussion, parce qu'il est de son devoir de donner au gouvernement les moyens de faire face aux dépenses publiques; et parce que le gouvernement puise, dans sa propre responsabilité, le droit de choisir les moyens qui lui paraissent les plus propres à équilibrer les recettes et les dépenses; mais les impôts ne sont jamais votés que pour une année ; et le droit d'examen de la Chambre des Communes demeure intact, à la condition de s'exercer en temps opportun. Tout député demeure libre, durant tout le cours de la session, de présenter, sous sa responsabilité personnelle, une motion ayant pour objet de déclarer qu'il y a lieu de réduire ou de supprimer un impôt, ou d'en modifier l'assiette. La question, ainsi soulevée, est discutée en elle-même et pour son propre mérite, sans qu'il en puisse résulter aucun retard dans l'expédition des affaires, ni aucune perturbation dans le budget. Les impôts sur les assurances, sur les portes et fenêtres, sur les vins, sur la drèche, sur le timbre des journaux, sur le papier, ont fait ainsi l'objet de discussions fréquentes et approfondies, au sein du Parlement anglais. Lorsqu'une majorité considérable s'est prononcée, deux années de suite, en faveur de la modification ou de la suppression d'un impôt, le gouvernement ne manque jamais de tenir compte de cette manifestation, dans la préparation du budget suivant. La prérogative du pouvoir législatif s'exerce donc librement, sans qu'il en puisse résulter ni une brusque désorganisation du budget, ni un embarras sérieux pour le gouvernement.

Pour les lois autres que le budget, les usages anglais ne sont pas moins conformes aux droits du gouvernement. Bien que les ministres soient astreints à présenter les projets de loi en leur nom personnel, dans les mêmes formes et avec la même procédure que les motions émanées de l'initiative privée, le gouvernement est toujours sûr de faire discuter, en temps utile, les mesures dont il a besoin. Le règlement de l'ordre du jour lui donne toute facilité à cet égard. La chambre des Communes siége six jours par semaine : trois séances, ce sont habituellement celles des mardis, mercredis et jeudis, sont attribuées au gouvernement ; le samedi est consacré aux projets de loi d'intérêt local ; les deux autres séances, celles des lundis et vendredis, sont réservées pour les motions émanant de l'initiative privée. Toute séance dont l'ordre du jour est vide, est dévolue au gouvernement. Celui-ci règle, à son gré, l'ordre du jour des séances qui lui appartiennent, et qui doivent être consacrées exclusivement à la discussion des mesures présentées par lui. Si, par courtoisie pour un orateur éminent, ou pour ne pas interrompre une discussion sur le point d'aboutir, le ministre dirigeant consent à céder à l'auteur d'une motion un des jours réservés au gouvernement, c'est toujours à la condition que cette séance lui sera restituée dans la même semaine, ou dans la semaine suivante ; et la chambre est informée de cet accord.

Les plus savantes manœuvres de la stratégie parlementaire ne peuvent donc empêcher les mesures du gouvernement d'arriver à la discussion en temps utile ; et, même lorsque la lutte des partis prend un caractère d'acharnement, lorsque les motions hostiles et les interpellations se multiplient, les animosités politiques ne nuisent en rien à l'expédition des affaires.

Voilà pourquoi chaque session, malgré sa brièveté relative, apporte son contingent de mesures utiles. Voilà, aussi, pourquoi le régime parlementaire ne court pas risque de subir, en Angleterre, le discrédit et la déconsidération qu'a jetés sur lui, en France, la stérilité de longues sessions, absorbées par le parlage des discoureurs politiques. Le parlement siége, en moyenne, cinq mois et demi ; mais les vacances de Pâques et de la Pentecôte réduisent à quatre mois et demi la durée effective des sessions. Ce temps suffit parce qu'il est bien employé, parce que la part réservée aux affaires est rigoureusement respectée ; enfin, parce que les projets de loi sont mis directement en discussion, sans que leur examen soit ni retardé, ni entravé par l'inutile intervention d'une commission.

La suppression de ce dernier rouage, véritable pierre d'achoppement contre laquelle viennent se heurter les mesures les plus utiles et les mieux préparées, enlève-t-elle rien à l'examen sérieux et approfondi des lois ? Fait-elle la part plus large à la précipitation et aux résolutions irréfléchies ? Le législateur anglais y a obvié par le système des trois lectures, si peu compris et si inexactement imité en France, où l'on s'est toujours persuadé que des gens, aussi pratiques et aussi expéditifs que les Anglais, s'imposaient de recommencer trois fois la même discussion. Il n'est peut-être pas inutile d'expliquer avec précision la procédure suivie par le parlement.

Le ministre qui est chargé de présenter une loi commence par en faire inscrire la substance sur le feuilleton de la Chambre, avec indication du jour où la mesure sera présentée. Il n'est point distribué d'exposé de motifs ; cet exposé est fait oralement par le ministre, lorsque celui-ci présente la loi : il en fait connaître l'objet, il en fait ressortir les avantages ; et il en indique les dispositions principales. Une discussion s'engage aussitôt, qui n'absorbe jamais plus d'une ou de deux séances, et qui porte exclusivement sur le principe du bill. Ce débat préparatoire est clos par le vote de la lecture du bill, qui est lu, à voix haute, par le greffier de la Chambre. Cette lecture constate officiellement le texte authentique du bill, qui est transcrit sur les registres de la Chambre, puis imprimé et distribué à tous les députés.

Le vote de la première lecture équivaut à la prise en considération : il n'engage pas la décision définitive de la Chambre ; et il est rarement refusé aux motions des simples députés, pourvu qu'elles aient un caractère sérieux.

Le gouvernement indique, alors, quel jour il compte

demander la seconde lecture ; et, si la mesure est grave, si des députés de quelque autorité annoncent l'intention d'en faire l'objet d'une discussion approfondie, et réclament du temps pour l'étudier, un accord amiable règle l'intervalle qui séparera les deux lectures.

Le débat sur la seconde lecture correspond à ce que les règlements des chambres françaises appellent la discussion générale. Il se termine par une nouvelle lecture du bill, avec les modifications que le gouvernement a pu faire subir à la rédaction primitive ; et la Chambre se forme aussitôt en comité, c'est-à-dire qu'elle passe à la discussion des articles.

Voici l'objet de cette formalité. Lorsque la chambre est en séance ordinaire, le règlement, économe du temps, interdit à tout député, même aux ministres, de prendre plus d'une fois la parole dans la même discussion ; lorsque la chambre déclare se former en comité, cette règle, qui serait une entrave fort gênante dans la discussion des articles, est suspendue.

Quand le dernier article a été discuté et voté, le gouvernement annonce quel jour il demandera une troisième lecture. La seconde a consacré l'adhésion de la chambre aux principes généraux de la loi ; mais les changements apportés à son texte, durant la discussion des articles, l'adoption ou le rejet de certains amendements, ont pu modifier l'opinion, d'abord favorable, de quelques députés. Le débat sur la troisième lecture, qui rouvre la discussion générale, donne à ces députés l'occasion de faire des réserves, et de confirmer ou de rétracter le vote qu'ils ont précédemment émis. La troisième lecture, qui termine cette discussion, habituellement très-courte, consacre l'adoption définitive de la loi.

Telle est la procédure simple, logique et pratique, par laquelle les règlements de la chambre des Communes assurent l'examen approfondi des lois, sans nuire à la prompte expédition des affaires. Nos voisins estiment, et les faits semblent leur donner raison, que le travail personnel des députés, et surtout des hommes compétents de chaque parti, les polémiques des journaux sérieux et les discussions des recueils spéciaux, suppléent, sans trop de désavantage, les élucubrations d'une commission parlementaire. Quant aux documents qui peuvent éclairer une discussion, le gouvernement fait imprimer et distribuer tous ceux que lui-même juge utiles, et tous ceux dont la demande est faite en séance publique. Rien ne manque donc de ce qui peut rendre la marche des débats aussi sûre que rapide.

Arrivons maintenant à un point très-important dans les rapports des deux pouvoirs : au droit qu'ont les députés de poser des questions aux ministres et de leur demander des explications ; ce qu'on appelle, dans la langue parlementaire française, les interpellations.

Les interrogateurs acharnés ne manquent pas au sein de la chambre des Communes ; mais un usage qui équivaut à une règle interdit de poser publiquement à un ministre une question, dont la teneur ne lui a pas été communiquée avant la séance, en temps utile pour qu'il ait pu se renseigner. Le gouvernement répond dans la mesure qui lui convient ; et le questionneur, s'il n'est pas satisfait, annonce qu'à un jour qu'il indique, il renouvellera sa question, et provoquera l'expression du sentiment de la chambre. Tel est le droit absolu du député, mais le droit, pour le gouvernement, d'accepter ou de refuser le débat n'est pas moins absolu : il suffit au ministère d'arguer des exigences du service public, pour qu'il ne soit pas passé outre.

Pendant la guerre faite par la Prusse et l'Autriche au Danemark, en 1864, l'opinion publique, en Angleterre, était tout à fait favorable aux Danois ; et l'opposition multiplia les tentatives pour engager, au sein du parlement, un débat qui aurait pu amener l'expression de sentiments conformes à ceux de la nation. Lord Palmerston se refusa obstinément à donner la moindre indication sur les vues du gouvernement ; et il n'accepta la discussion que dans les derniers jours de la session, et après la conclusion de la paix. La chambre des Communes se trouvait alors en présence des faits accomplis; et la seule question qui demeurât à débattre, était celle-ci : Le traité intervenu est-il tellement préjudiciable aux intérêts de l'Angleterre, qu'il eût mieux valu déclarer la guerre à l'Allemagne pour en empêcher la conclusion? La réponse ne pouvait être douteuse; et malgré l'exaspération de l'opinion publique, malgré des débats orageux, dans lesquels lord Palmerston fut abandonné par un certain nombre de ses partisans, la majorité sanctionna la politique d'abstention du ministère.

Une chambre française n'aurait jamais consenti à remettre de mois en mois, pendant toute une session, un débat de cette importance : elle aurait envisagé les refus du gouvernement comme autant d'atteintes à ses propres prérogatives; et elle aurait considéré comme une dérision, de la part du ministère, de n'accepter une discussion qu'après que tout était consommé.

Si l'on veut bien y réfléchir, cependant, il est impossible de ne pas reconnaitre que le ministère qui engageait gravement sa responsabilité, en prenant sur lui seul de diriger l'action diplomatique de l'Angleterre, était dans son droit en refusant le débat; et qu'après tout, c'était encore la conduite la plus favorable aux intérêts du Danemark.

Que serait-il arrivé, en effet, si une discussion s'était engagée, pendant la guerre ou pendant les négociations? Le gouvernement anglais aurait été contraint de faire des déclarations qui l'auraient lié; et il serait intervenu un vote de la chambre des Communes, qui aurait équivalu à une déclaration de guerre à l'Allemagne sous conditions, ou à un abandon définitif du Danemark. S'il était résulté de la discussion ou du vote du Parlement, que l'Angleterre était résolue à ne faire la guerre dans aucun cas, les adversaires du Danemark n'avaient plus aucun motif de modérer leurs exigences.

Au contraire, tant que les résolutions définitives de l'Angleterre étaient réservées, les coalisés, en rejetant les conseils de modération qui leur étaient donnés, avaient à craindre de voir lord Palmerston porter cette situation et leurs exigences excessives à la connaissance du Parlement, et obtenir l'autorisation de jeter dans la balance l'épée de l'Angleterre.

Le droit du gouvernement d'accepter ou de refuser une interpellation, et de demeurer le seul juge du jour où un débat sur une question de politique étrangère devra s'engager, est donc considéré en Angleterre comme un droit absolu. On estime qu'il découle nécessairement de la responsabilité que le pouvoir exécutif assume, en déclinant l'expression de l'opinion du pouvoir législatif.

Ce sont là des idées qui n'ont pas cours dans les assemblées françaises, où l'on prétend absorber la souveraineté nationale, alors que les députés sont de simples mandataires; où l'élu d'un petit coin du territoire se croit le droit de chercher à engager l'action du pays dans les questions les plus graves et les plus délicates; où l'on choisit de préférence les moments les plus difficiles et les plus critiques, pour imposer au gouvernement des discussions, dont le résultat peut être de paralyser l'influence de la France au dehors, et d'amener de dangereuses complications.

Cette différence dans les idées qui ont cours des deux côtés du détroit prouve que nous avons pu copier les institutions des peuples libres, mais que nous n'avons pas su en prendre l'esprit. Nous avons faussé les institutions parlementaires par notre façon de les pratiquer. Nous avons cru qu'elles devaient avoir pour conséquence de mettre la direction, aussi bien que la surveillance, des affaires dans les mains des assemblées, tandis que leur objet est, tout à la fois, d'assurer au gouvernement une liberté d'action égale à sa responsabilité, et de rendre cette responsabilité effective par le contrôle des assemblées.

Nous avons peu à dire de la procédure parlementaire

suivie aux États-Unis. Les règlements du Congrès, sur lesquels sont calqués les règlements de toutes les législatures d'État, sont eux-mêmes un emprunt aux usages anglais. Quelques différences résultent de ce fait, qu'aux termes de la constitution, les ministres ne peuvent être membres d'aucune des deux chambres, et n'ont pas entrée au Congrès. Les deux chambres élisent, au début de chaque législature, un certain nombre de comités spéciaux et permanents, auxquels sont renvoyés les projets de loi du gouvernement, et les motions des sénateurs ou des députés. Les mesures du gouvernement sont présentées sous la forme d'un message du président, dont il est donné lecture, et qui est un véritable exposé des motifs. Chaque message est renvoyé, selon son objet, à l'un des comités spéciaux, et c'est le président de ce comité qui a mission de poursuivre la mise en discussion et l'adoption de la mesure proposée. Les ministres usent donc de toute leur influence pour faire arriver, à la présidence des comités, des hommes en communauté d'opinions avec eux ; et, pour être certains que leurs mesures seront bien défendues, ils doivent chercher des auxiliaires au sein des Chambres.

On a reconnu, depuis longtemps, que cette procédure avait de graves inconvénients, qu'elle nuisait à la prompte expédition des affaires en affaiblissant l'action du gouvernement; et qu'elle plaçait les ministres dans une situation plus désavantageuse que les simples députés, qui pouvaient expliquer et défendre eux-mêmes leurs propositions. On a donc agité fréquemment la question de donner aux ministres l'entrée du Congrès, pour qu'ils puissent prendre la parole dans les Chambres.

Le moyen le plus simple semble être d'autoriser le président à choisir ses ministres parmi les membres du Congrès ; mais cette solution a toujours été repoussée, de crainte de faciliter les empiétements du pouvoir législatif sur le pouvoir exécutif, dont l'indépendance est considérée comme indispensable. On appréhende que les chambres ne veuillent s'immiscer dans l'administration, au moyen des ministres pris dans leur sein ; et qu'elles n'essaient d'imposer leurs choix au président. D'ailleurs, un député ne pourrait avoir entrée au sénat, ni un sénateur à la chambre des représentants; et si l'on doit accorder un privilége aux ministres du président, il n'est plus nécessaire qu'ils soient membres du Congrès. La difficulté gît tout entière dans cette règle fondamentale de tous les corps délibérants, en Angleterre aussi bien qu'aux États-Unis: que nul ne peut prendre part aux discussions d'une assemblée, s'il n'en est lui-même un des membres. C'est cette règle qu'il s'agit de faire fléchir en faveur des ministres du président; et l'opinion se prononce de plus en plus dans ce sens.

Aux États-Unis, comme en Angleterre, la première préoccupation est donc d'assurer au gouvernement les moyens d'action et toutes les facilités dont il peut avoir besoin, pour mener à bien les affaires de la communauté. C'est la tendance contraire qui a toujours prévalu dans les assemblées françaises; et nous nous étonnons, ensuite, que le régime représentatif ait pour résultat de ralentir et d'entraver le fonctionnement de tous les rouages administratifs, et de substituer, en tout et partout, la parole à l'action ! Dupes de nos préjugés, et trop fidèles à la tradition révolutionnaire, nous avons eu quelquefois, en France, le gouvernement des assemblées, sous un simulacre d'institutions monarchiques ou républicaines ; nous n'avons jamais eu la pratique sérieuse et sincère du régime représentatif.

On ne peut se défendre d'insister sur ce point, lorsqu'on a la conviction que le sort des libertés publiques en dépend. Une société, arrivée à notre degré de richesse et de corruption, n'hésitera jamais entre ses intérêts et ses institutions. Elle voudra obtenir, à tout prix, même au prix de la liberté, l'ordre matériel, le calme quotidien, la célérité de l'action administrative, une intelligente et rapide expédition des affaires. Ou les institutions futures, en faisant, avec une égale sollicitude, la part du gouvernement et la part des assemblées, assureront tous ces avantages à la France, en même temps que les bienfaits de la liberté, ou elles sont vouées d'avance à une ruine certaine.

Nous croyons en avoir dit assez pour prouver l'importance extrême, au point de vue de la pratique, de la procédure suivie par les assemblées. Une réforme radicale doit être introduite dans le règlement que toutes les chambres se transmettent, en France, depuis la révolution; c'est la suppression des commissions en ce qui concerne les projets de loi du gouvernement. Qu'une assemblée renvoie à l'examen préalable d'une commission toute proposition émanée d'un de ses membres, et qu'elle ne l'admette aux honneurs de la discussion publique qu'après un contrôle sérieux et une révision attentive: c'est là une sage et utile précaution contre les hommes à systèmes et les esprits chimériques. Les mesures du gouvernement, longuement élaborées par les hommes compétents, arrivent devant les chambres avec un degré de maturité et de préparation qui en permet la discussion immédiate. Il faudrait donc que le gouvernement, huit jours après la lecture ou la distribution de l'exposé des motifs d'une loi, eût le droit de requérir l'ouverture de la discussion générale. Cinq jours après la clôture de la discussion générale, il pourrait requérir la discussion des articles, qui devrait se poursuivre, sans interruption. Un autre intervalle de cinq jours pourrait séparer la clôture de la discussion des articles, du vote sur l'ensemble de la loi. Le budget des recettes, et les budgets de dépenses des différents ministères, seraient considérés comme des lois ordinaires, et suivraient la même procédure. Cette réforme, qui ne touche à aucun principe et ne porte que sur un point de détail, aurait, néanmoins, pour conséquence d'assurer au gouvernement la part d'influence, qu'il doit avoir sur les délibérations des assemblées; de le soustraire aux ruses, aux chicanes, aux mauvaises manœuvres de la stratégie parlementaire; d'affranchir la confection des lois de lenteurs inutiles, et d'abréger notablement la durée des sessions. Elle profiterait donc à l'action du gouvernement, devenue plus facile et plus prompte ; elle profiterait aussi à la considération des assemblées ; car rien n'est plus propre à jeter du discrédit sur celles-ci, que la lenteur et la stérilité de leurs travaux.

X

DU POUVOIR JUDICIAIRE

Le pouvoir judiciaire est le plus faible de tous : il n'a ni les prérogatives presque illimitées du pouvoir législatif, ni les puissants moyens d'action dont le pouvoir exécutif dispose. Il est si faible, à le considérer abstraitement, que Montesquieu émet même le doute qu'il se puisse appeler un pouvoir.

Le moindre effort de réflexion ne tarde pas à corriger cette impression. Il suffit de considérer la place immense que le pouvoir judiciaire tient dans la vie des sociétés, la multiplicité et l'importance des questions qu'il décide, et la dépendance où sont de lui tous les intérêts, pour acquérir promptement la mesure de son influence. Où est le particulier assez fort pour n'avoir jamais besoin d'invoquer sa protection, ou pour braver impunément ses sévérités ?

Sans doute, le pouvoir judiciaire ne se meut que dans la sphère où la loi, faite par le pouvoir législatif, l'a circonscrit : il est tenu de se conformer à des règles qu'il ne fait pas, qu'il doit seulement appliquer.

Sans doute aussi, il ne peut par lui-même donner force et sanction à ses décisions, qui n'arrivent à se traduire en faits qu'avec l'aide et par l'intervention de la puissance exécutive; mais ces limites mêmes n'ôtent rien à sa vitalité, et, pour qui regarde au delà de la surface, ne font que mieux ressortir l'énergie qui lui appartient en propre.

On peut dire que l'importance du pouvoir judiciaire s'accroît en proportion de la puissance, de la richesse et du degré de civilisation d'une société. En effet, plus un peuple a fait de progrès dans toutes les carrières ouvertes à l'activité humaine, et plus deviennent complexes et considérables les intérêts de toute sorte, sur lesquels le pouvoir judiciaire est appelé à prononcer.

Aussi, l'indépendance et l'intégrité de ce pouvoir sont-elles au nombre des conditions les plus indispensables de la liberté et de la sécurité des sociétés. Le mot attribué au meunier de Sans-Souci : « *Il y a des juges à Berlin* », prouve que le despotisme même présente moins de dangers, et inspire moins de terreur, où le pouvoir judiciaire a conservé son indépendance et sa liberté d'action.

Supposez, au contraire, les tribunaux à la discrétion du prince, et devenus les dociles instruments de ses volontés : il n'y a plus de sécurité ni pour la fortune, ni même pour l'existence d'aucun citoyen. La servitude, où tombe la nation entière, est sans espoir comme sans limite; car la violence et la spoliation s'abritent effrontément sous le voile de la justice; et nul spectacle n'est plus propre à corrompre les consciences et à pervertir le sens moral, que cette perpétuelle apostasie des magistrats. La servilité des juges anglais, instruments aussi complaisants qu'infatigables des caprices sanguinaires de Henri VIII et de ses filles, est demeurée le trait caractéristique de la triste époque des Tudor. Il n'est rien, au témoignage de Macaulay, qui ait contribué davantage à détacher le peuple anglais de la dynastie des Stuart, que le zèle implacable de Jeffries dont le nom est resté proverbial chez nos voisins.

Mettez la justice dans la dépendance étroite du pouvoir

législatif, et vous arriverez bien vite aux mêmes excès et à une tyrannie non moins abominable.

Si la Convention ne s'était pas emparée du pouvoir judiciaire, elle ne se serait pas souillée du sang de Louis XVI; et elle ne se serait pas décimée de ses propres mains, en livrant à l'échafaud ou en laissant condamner à l'exil une partie de ses membres, suivant les fluctuations qui déplaçaient dans son sein la majorité. Lorsqu'une Assemblée omnipotente en arrive à rendre elle-même les arrêts, ou à les dicter à la justice, on peut dire qu'il n'y a plus, dans le pays qu'elle domine, d'autre loi que le caprice d'une majorité, d'autant plus facilement violente qu'elle est irresponsable. Une telle assemblée, en effet, est toujours maîtresse de modifier, le lendemain, ce qu'elle a édicté la veille, et de transformer la loi au gré de la passion du jour, de façon à atteindre sûrement les victimes que sa haine a marquées.

Si donc on a quelque souci de la liberté et de la fortune des citoyens, il est de toute nécessité d'interdire aux assemblées, investies du pouvoir législatif, toute immixtion dans l'administration de la justice; et, par conséquent, toute action directe sur les personnes et sur les intérêts privés. La loi, qui doit être égale pour tous, doit être discutée et rendue à un point de vue, en quelque sorte, abstrait, en se proposant pour but la poursuite de l'équité et la réalisation du bien public. Il faut laisser, ensuite, à des corps assez éclairés pour interpréter exactement les lois, et assez indépendants pour ne pas craindre d'exprimer librement leur opinion, c'est-à-dire aux tribunaux, le soin de faire aux cas particuliers l'application des règles générales, posées par le législateur.

Le pouvoir exécutif doit être l'exécuteur pur et simple des décisions judiciaires. N'étant pas l'auteur de la loi, il ne peut ni prétendre à l'interpréter, ni contester l'interprétation que le corps judiciaire en a faite. Quelque contrariété que certaines décisions lui puissent causer, l'intérêt social le plus impérieux lui commande d'être le premier à s'incliner devant les arrêts de la justice, pour ne point affaiblir, chez la nation, un respect qui n'est pas une des moindres garanties de l'ordre moral et de la tranquillité publique. Le degré de liberté réelle et, en même temps, de moralité d'une société se mesure à deux choses : le respect que rencontrent chez elle les décisions de la justice, et la fermeté avec laquelle le pouvoir exécutif leur prête main-forte.

Il n'est point d'idée, ni plus ancienne, ni plus profondément enracinée dans la conscience humaine, que cette obligation des gouvernements en ce qui concerne la justice.

Si l'on veut rechercher l'origine du pouvoir judiciaire, on ne la pourra trouver ailleurs que dans l'autorité du père de famille. Au début des sociétés, c'est le père de famille qui est le premier juge : il prononce sans appel; mais il a le devoir de ne pas écouter les préférences de son cœur, et d'être équitable et impartial entre tous ses enfants. Dans la tribu, qui n'est que la famille agrandie, la même tradition et les mêmes sentiments font, du chef, le juge incontesté de tous ceux qui sont soumis à son autorité.

Par une conséquence naturelle, l'exercice du pouvoir judiciaire semble avoir été partout, soit dans les sociétés orientales, soit dans les sociétés d'origine germanique, soit, enfin, dans les temps modernes, chez les sociétés chrétiennes, un attribut inhérent à la souveraineté.

Nous disons que les tribus germaines ne sauraient faire exception. En effet, les douze guerriers, dont l'intervention est mentionnée par Tacite, et dans lesquels on voit avec raison les précurseurs de l'institution du jury, n'étaient que des témoins, appelés pour décider les questions de fait; mais le jugement proprement dit, la sentence et son exécution, appartenaient au chef de la tribu germaine comme au monarque de l'Asie.

Seulement, il est essentiel de faire observer que, de tout temps et chez tous les peuples, cet exercice du pouvoir judiciaire apparaît, non pas avec le caractère d'une prérogative du souverain ou du chef, mais avec le caractère d'une obligation. Ce n'est pas un droit que le souverain exerce, c'est un devoir qu'il est tenu de remplir envers ses sujets, comme le père de famille envers ses enfants, et auquel il ne peut se soustraire.

Cette idée d'une obligation morale et d'une responsabilité qui pèsent sur le souverain devient de plus en plus claire et distincte dans les sociétés modernes, à mesure que la civilisation dépouille les mœurs de leur violence et de leur rudesse. Aux temps chevaleresques, celui qui est atteint dans son honneur ou dans ses intérêts s'adresse au roi pour avoir justice. Il demande qu'il lui soit fait droit; et, s'il n'obtient pas satisfaction, il estime que ce déni de justice le délie, à son tour, du devoir d'obéissance et de fidélité. C'est le même sentiment qui, plus tard, se traduit par la réflexion populaire : Si le roi le savait!

On ne saurait prétendre que ces sentiments de l'obligation morale, que nous appellerons le devoir de la justice, et de la responsabilité attachée à l'exercice du pouvoir judiciaire, soient particuliers aux États monarchiques. Dans les démocraties grecques, où la souveraineté résidait tout entière dans l'assemblée populaire, composée de tous ceux qui étaient investis des droits politiques, les fonctions judiciaires étaient exercées, comme toutes les autres, par les citoyens; mais elles étaient les seules dont on ne pût se dispenser. L'amende et diverses peines atteignaient le citoyen, qui, désigné par le sort ou par l'élection pour siéger dans un tribunal, ne remplissait pas la fonction à laquelle il avait été appelé.

Rendre la justice était donc la plus rigoureuse des obligations civiques.

Il n'est pas inutile de faire remarquer que cette façon d'envisager l'administration de la justice contenait en germe la séparation du pouvoir exécutif et du pouvoir judiciaire, et y conduisait tout naturellement.

En effet, le souverain, rendu personnellement responsable de l'administration de la justice, devait souhaiter d'échapper à cette responsabilité, en déléguant à d'autres l'exercice de cette fonction délicate; et il ne pouvait se dégager plus complétement qu'en laissant à ses délégués la plus grande liberté d'action. L'indépendance du corps judiciaire est donc née de la responsabilité du souverain vis-à-vis de ses peuples. A mesure que les progrès de la civilisation ont fortifié, dans le monde, le respect du droit et la notion de la justice, à mesure que les aspirations vers la liberté sont devenues plus générales, et que l'idée d'obtenir des garanties contre l'arbitraire du maître s'est enracinée chez les sujets, on s'est préoccupé de plus en plus d'assurer, contre toute atteinte, l'indépendance des magistrats.

Si ce besoin et ces tendances éclatent presque en même temps, et avec la même force, chez les nations modernes, notons toutefois que c'est la France qui a eu la première, et longtemps avant toutes les autres, une magistrature instruite, éclairée et véritablement indépendante.

Tel a été l'effet imprévu, et pourtant incontestable, de la résolution prise par François Ier, dans un moment de pénurie, d'établir la vénalité des charges de judicature.

Rien ne semble, à première vue, plus illogique et plus déraisonnable, que de remettre le droit de prononcer sur la vie et les biens des citoyens à des hommes qui achètent, à prix d'argent, le privilége de siéger dans les tribunaux et de rendre la justice. On ne saurait imaginer rien, qui paraisse plus contraire à l'idée même qu'on se fait de la justice. Il n'en est pas moins vrai, que la France a dû à ce système une magistrature plus éclairée, et surtout plus indépendante que ce que l'on pouvait rencontrer chez aucune autre nation, et l'administration de la justice la plus économique qu'il y ait eu dans notre pays.

Rien, à cet égard, n'est plus curieux que l'embarras où cette question de la vénalité des charges met Montesquieu, et le soin avec lequel ce grand esprit évite de la traiter à fond.

Assurément, Montesquieu n'essaie pas d'ériger la vénalité des charges en système, ni même de la défendre ; il ne trouve point en faveur d'une telle cause d'arguments qui satisfassent la logique de son esprit. D'un autre côté, il ne peut fermer les yeux à l'évidence des faits qui le frappent; et il n'aperçoit, en face de la royauté devenue absolue, aucun moyen de constituer cette magistrature véritablement indépendante, dont la nécessité lui est démontrée. Aussi, est-il impossible de trouver chez Montesquieu, ni l'apologie ouverte, ni encore moins la condamnation de l'organisation judiciaire de son temps.

Pour apprécier équitablement cette organisation, nous devons remarquer, en premier lieu, que le jour où la royauté vendit, à prix d'argent, les charges de judicature et en reconnut la transmissibilité; elle abandonna, sans en pouvoir jamais rien ressaisir, toute action sur le recrutement de la magistrature.

En second lieu, les charges de judicature étant devenues des propriétés privées, placées sous la garantie des lois et sous la protection toute spéciale des intéressés, la conséquence immédiate de la vénalité fut l'inamovibilité de fait des magistrats.

On ne trouverait point, en effet, disons-le à l'honneur de l'ancienne monarchie, d'exemple d'un magistrat qui ait été dépouillé de sa charge par un acte de l'autorité royale, pour un fait de son ministère. Dans les derniers temps de la monarchie, alors que la royauté, devenue absolue, ne savait plus ni se modérer ni se faire respecter, le pouvoir royal, provoqué par les empiétements des parlements sur le domaine administratif et politique, a pu envoyer en exil des cours entières, pour les contraindre à enregistrer un édit ou à supprimer une remontrance ; il ne leur a jamais ni enlevé ni contesté l'administration de la justice; et jamais il n'a pris à partie un de leurs membres, isolément, pour un fait de judicature.

L'ancienne magistrature avait toute l'indépendance d'un corps qui se recrute par lui-même ; et l'accès en était assez facile et assez large, pour qu'elle ne pût se transformer en une caste exclusive. L'autorité royale avait d'autant moins d'action sur les tribunaux, qu'elle ne disposait même pas de l'influence que peut donner la distribution de l'avancement. Il n'y avait pas d'avancement dans les parlements. La royauté n'y pouvait pas davantage introduire ses créatures.

Il ne faut pas croire, en effet, qu'il fût loisible au premier venu de devenir conseiller au parlement. Il fallait, il est vrai, obtenir l'agrément du roi, c'est-à-dire l'autorisation de se rendre acquéreur d'une charge ; mais ce n'était là qu'une formalité préliminaire, maintenue dans un but de fiscalité. Avant d'être institué par le chef de la cour, et d'être mis en possession de la charge dont on s'était rendu acquéreur, il fallait obtenir de la cour elle-même l'enregistrement des lettres d'agrément et du contrat d'acquisition. La cour n'accordait cet enregistrement qu'à la suite d'une enquête qui portait sur la famille, la conduite et les aptitudes du candidat. Si le résultat de cette enquête ne satisfaisait pas les magistrats, il n'y avait aucun moyen de les contraindre à accorder l'enregistrement qui leur était demandé. Le contrat d'acquisition devenait une lettre morte ; et le candidat rejeté n'avait d'autre parti à prendre que de renoncer à son ambition et à ses espérances.

Au surplus, la surveillance sévère que les agents de change, les notaires et tous les officiers ministériels, dont les charges sont vénales, exercent aujourd'hui les uns sur les autres, par le ministère de leurs chambres syndicales, peut donner une idée de la discipline intérieure de ces grands corps de judicature, où les traditions de savoir et d'honneur se transmettaient des pères aux fils, sous le contrôle incessant de l'opinion publique.

Aussi Bergasse, dans le rapport même où il propose à l'assemblée constituante la suppression des parlements, ne peut-il s'empêcher de rendre une éclatante justice à ces grands corps qui allaient disparaître :

« S'il nous eût été possible, dit-il, d'améliorer sim-
» plement, au lieu de détruire pour reconstruire de

» nouveau, nous l'eussions fait d'autant plus volontiers
» que la nation n'a, sans doute, pas oublié tout ce qu'elle
» doit à ses magistrats. Combien, dans des temps de
» trouble et d'anarchie, leur sagesse lui fut salutaire !
» Combien, dans des temps de despotisme, et quand
» l'autorité, méconnaissant toutes les bornes, menaçait
» d'envahir tous les droits, leur courage, leur fermeté,
» leur dévouement patriotique ont été utiles à la cause
» toujours trop abandonnée des peuples ! Avec quelles
» heureuses précautions, ils se sont occupés de conserver
» au milieu de nous, en maintenant les anciennes maximes
» de nos pères, cet esprit de liberté qui se déploie
» aujourd'hui dans tous les cœurs, d'une manière si
» étonnante et si imprévue. »

Ce qui perdit les Parlements, malgré les services incontestables qu'ils avaient rendus, et malgré leur longue et légitime illustration, ce fut d'avoir déserté le terrain judiciaire, et de s'être laissés entraîner, tantôt par l'amour du bien public, et tantôt par la recherche de la popularité, sur le terrain de la politique, qui leur était interdit. La guerre souvent heureuse, qu'ils avaient faite au pouvoir royal, depuis l'avénement de Louis XV, fut un sujet d'appréhension pour l'assemblée constituante, héritière de la royauté, et qui s'imaginait fonder la liberté de tous en établissant son propre despotisme. Pour motiver la suppression de la magistrature existante, Bergasse disait d'elle, dans son rapport : « Fortement constituée » pour résister au despotisme, elle pourrait facilement, si » elle était maintenue, devenir dangereuse à la liberté. » — La liberté, dans la bouche des constituants de 1789, c'est l'omnipotence des assemblées. Ce fut la crainte de rencontrer, dans le corps judiciaire, un contrôle importun et de voir s'élever, entre elle et les parlements, quelqu'un de ces conflits, d'où le pouvoir royal n'était pas toujours sorti victorieux, qui conduisit l'assemblée constituante à abolir les parlements ; et les motifs réels de leur suppression percent, manifestement, dans les discussions relatives à l'organisation du pouvoir judiciaire, qui se poursuivirent du 24 mars au 7 mai 1790.

Cherchons donc, ailleurs que dans la tradition révolutionnaire, comment il convient d'organiser le pouvoir judiciaire, pour lui assurer l'indépendance qui est une garantie pour tous les citoyens, et l'autorité morale qui est nécessaire à sa considération.

Il est admis, presque universellement, que l'inamovibilité des magistrats est la condition indispensable de l'indépendance du corps judiciaire.

Cette inamovibilité n'existe pas de droit en Angleterre : les juges y sont nommés par la couronne, et il est spécifié, dans les commissions qui leur sont délivrées, qu'ils conserveront leurs fonctions *quamdiu se bene gesserint*, c'est-à-dire tant qu'ils se conduiront bien. Or, le souverain se faisait, autrefois, l'appréciateur de cette bonne conduite qu'il attendait des juges nommés par lui, et dont le caractère le plus essentiel était une docile complaisance pour les volontés de la couronne ; et, du droit de nomination, il faisait découler le droit de révocation. Mais cette prérogative de la couronne d'Angleterre a eu le sort de toutes les autres : l'exercice en a été soumis au contrôle parlementaire ; et, depuis plus d'un siècle, aucune révocation n'a été prononcée. Rien n'a été changé aux formules anciennes ; mais il est universellement admis, que l'indignité personnelle ou la perte des facultés mentales, peuvent seules faire descendre un juge de son siége. On ne trouverait, en Angleterre, ni un ministre pour signer une révocation à raison d'un fait politique, ni une chambre pour absoudre le ministre coupable d'un pareil acte.

La constitution des États-Unis a été calquée, à cet égard, sur ce qui se pratiquait en Angleterre. Elle attribue au président des États-Unis la nomination des juges fédéraux ; et elle spécifie que ceux-ci conserveront leurs sièges *during good behaviour*, ce qui est la traduction anglaise de la formule *quamdiu se bene gesserint* ; mais il a toujours été entendu expressément, soit dans la discussion du pacte constitutionnel, soit dans les commentaires qui ont servi à fixer le sens de ses principales dispositions, que le président n'avait pas le droit de révocation ; et qu'il appartenait aux tribunaux seuls d'exclure de leur sein celui de leurs membres qui viendrait à forfaire à l'honneur, ou dont l'intelligence se serait manifestement éteinte.

Les Américains ont attribué au président de leur république le droit de nommer les juges pour les raisons d'ordre public qui ont fait remettre entre ses mains la désignation de la plupart des fonctionnaires.

La principale de ces raisons est, que la loi ne peut faire autre chose que déterminer les conditions d'age, d'aptitude, et de services, qu'il convient d'exiger des candidats. Quant à la désignation des personnes, attacher une responsabilité au droit de choisir, est, en dernière analyse, la plus sûre garantie qu'il sera fait de bons choix. Il est manifeste que toute responsabilité personnelle disparaît, quand c'est une assemblée politique qui nomme par voie de scrutin : d'où résulte la nécessité d'attribuer les nominations au pouvoir exécutif qui ne peut alléguer, pour justifier de mauvais choix, ni une surprise, ni l'absence de renseignements exacts, et dont la responsabilité, vis-à-vis de la législature et vis-à-vis de l'opinion publique, s'accroît en proportion de l'étendue de ses prérogatives.

Les constitutions des États, calquées à l'origine sur la constitution fédérale, commencèrent par accorder au gouverneur, chef du pouvoir exécutif, le droit de nommer les juges : quelques-unes, seulement, exigèrent pour les choix du pouvoir exécutif la ratification du sénat. Il n'en est plus ainsi aujourd'hui ; les constitutions de plusieurs États ont subi des modifications profondes, sous l'influence des idées du radicalisme européen ; et les plus graves de toutes ont porté sur l'organisation judiciaire.

Une doctrine a pris cours qui, partant de ce principe que le peuple est l'unique souverain, remet à l'élection la désignation des fonctionnaires de tout ordre ; qu'ils soient chargés de maintenir la tranquillité publique, de percevoir les taxes, ou même d'administrer la justice. Cette doctrine va jusqu'à considérer une trop longue occupation des mêmes fonctions, comme une atteinte aux droits souverains du corps électoral qui, se renouvelant sans cesse, ne peut valablement être lié au delà d'une certaine période; et elle établit, comme une règle, qu'un roulement perpétuel doit ramener les fonctionnaires devant le corps électoral, et ouvrir à tous les citoyens une chance d'arriver, à leur tour, à toutes les fonctions publiques. Il n'est pas fait exception pour les fonctions judiciaires ; la confiance du peuple suffisant à développer chez les élus les aptitudes indispensables, et à suppléer la connaissance des lois, la constitution de New-York soumet tous les juges à l'élection, et veut qu'ils soient remplacés au bout de sept années d'exercice.

Les résultats que ce système a donnés ont été déplorables. Qu'attendre, en effet, de magistrats, élus pour une courte période, pendant laquelle ils sont affranchis de toute autorité, n'ayant aucun espoir de se perpétuer dans leurs fonctions, ni aucun motif de se montrer dignes des suffrages qu'ils ont reçus? L'inamovibilité dont ils jouissent n'a d'autre conséquence que de les rendre irresponsables de leur conduite; et s'ils ne sont pas honnêtes gens, aucune considération ne peut les empêcher de trafiquer du pouvoir, dont ils sont temporairement investis. La prévarication est donc fréquente; et les scandales sont journaliers, entre des juges qui n'ont point le souci de leur dignité, et un public qui a désappris le respect. Il n'est point, à New-York, un esprit éclairé qui ne déplore de tels désordres, et n'en appelle de tous ses vœux la réforme; mais tous les efforts tentés pour obtenir, en ce point, la révision de la constitution ont échoué, soit devant la résistance des courtiers électoraux qui ne veulent pas voir restreindre le champ où s'exerce leur industrie, soit devant la pusillanimité des hommes intelligents, qui craignent de heurter le suffrage universel, en contestant son infaillibilité. Cependant, il y a quelques mois, le barreau de New-York, réuni en assemblée, à l'occasion de la réouverture des tribunaux, a protesté unanimement: « contre la continuation d'un système, qui n'offre aucune » des garanties nécessaires à une bonne administration » de la justice, et qui est une menace perpétuelle pour les » intérêts des citoyens. » — Il est à craindre que cette manifestation, qui honore le barreau de New-York, ne soit inefficace. On reconquiert rarement sur la démagogie les garanties qu'on lui a livrées.

Le premier projet d'organisation judiciaire, présenté par Bergasse, à l'assemblée constituante de 1789, au nom du comité spécial, attribuait au roi la nomination des juges, et accordait à ceux-ci l'inamovibilité. Le projet rédigé par Thouret, au nom du comité de constitution, reconnaissait le même principe : il portait que les juges seraient à vie, et ne pourraient être destitués que pour forfaiture. « Il convient, disait Bergasse, que les juges ne dépendent jamais des personnes, mais de la loi; qu'au dessus de la crainte et de la complaisance, ils se trouvent, dans l'exercice de leurs fonctions, en pleine puissance, pour ainsi dire, de leur conscience et de leur raison.... « Il paraissait, d'ailleurs, nécessaire que leur fonction fût à vie, à cause des connaissances étendues qu'elle supposait, connaissances qu'on serait peu jaloux d'acquérir, si elles ne devaient pas procurer dans la société un état permanent à celui qui les possède. »

On ne pouvait ni mieux penser ni mieux dire ; et là, comme ailleurs, le premier jet des constituants, encore imprégnés de l'esprit des cahiers de 1789, fut excellent.

Mais des idées si sages et si raisonnables étaient trop contraires au courant qui emportait les esprits, sous l'influence des utopistes et des déclamateurs; et quelques mois suffirent à tout changer. Mettre entre les mains du roi la nomination des juges, parut un danger pour la liberté. Duport devançant, d'un demi siècle, les radicaux de New-York, déclara l'inamovibilité des juges « contraire au principe démocratique, qui veut que tous les individus, chargés de fonctions publiques, rentrent au bout d'un certain temps dans la société. »

La décision finale de l'assemblée constituante fut d'attribuer au corps électoral la désignation des juges, et de soumettre les pouvoirs de tous les magistrats à un renouvellement périodique. Cette organisation ne subsista que quelques années; et son abolition, après le 18 brumaire, ne fut pas considérée comme un des moindres bienfaits du Consulat.

Nous ne croyons pas qu'il vienne à l'esprit de personne de vouloir la ressusciter. L'expérience qui en a été faite, en France, remonte à une époque déjà éloignée; et elle n'a pas eu assez de durée, pour que tous les inconvénients de ce système aient été mis en évidence par la pratique, comme aux États-Unis; mais les défauts en sont si palpables, qu'aucun esprit sérieux n'essaierait de les contester. Il est à remarquer que, même en 1848, en dehors de l'école démagogique, qui obéit moins à une doctrine raisonnée qu'au besoin maladif de reproduire servilement le passé, il ne se trouva personne pour proposer de revenir à l'organisation judiciaire de 1790, et pour inscrire, sur son programme, l'élection des juges.

Du moment que l'on repousse, pour la magistrature, le système électif, on est forcément conduit à lui concéder l'inamovibilité. L'indépendance du corps judiciaire est à ce prix ; car le magistrat ne sera, et ne se sentira libre, vis-à-vis du pouvoir qui l'aura nommé, qu'autant que sa nomination sera irrévocable. Toutes les opinions libérales sont d'accord sur ce point ; le radicalisme qui vise, au moyen de l'élection, à faire, du renouvellement perpétuel de toutes les situations, l'état normal de la société, serait inconséquent avec lui-même, en affranchissant la magistrature de cette instabilité universelle. Reconnaissons, toutefois, que les attaques qu'il a dirigées contre l'inamovibilité, pendant sa passagère apparition au pouvoir, étaient surtout inspirées par le désir d'arriver à renouveler le personnel judiciaire, pour en faire un instrument de domination ; cette œuvre achevée, et l'envahissement des siéges de judicature une fois consommé, le parti radical, sans aucun doute, ne ferait pas difficulté de restituer à une magistrature, façonnée à son image, l'inamovibilité qu'il a voulu détruire en 1848, et qu'en 1870, il a seulement essayé de méconnaître.

Les magistrats n'étant pas électifs par le suffrage populaire, et étant inamovibles, à qui convient-il d'attribuer le droit de les nommer ?

Si le corps judiciaire était peu nombreux en France, s'il ne devait pas se recruter incessamment, pour combler les vides que chaque jour amène, s'il ne devait pas se produire, périodiquement, dans son sein des mouvements d'avancement, on pourrait soutenir qu'il y a lieu de remettre au pouvoir législatif, soit à ses deux branches, soit à une seule des deux, la désignation de ce petit nombre de magistrats qui, une fois institués, ne quitteraient plus leur siége qu'avec la vie.

L'Angleterre, où un très-petit nombre de juges suffit à décider toutes les causes civiles et criminelles, a cru, néanmoins, devoir laisser à la couronne la désignation des juges. A plus forte raison, ce mode est-il le seul praticable en France. Avec la multitude de nos tribunaux, et le grand nombre de nos juges, le recrutement du corps judiciaire absorberait une partie considérable du temps de la législature. Les nominations se succéderaient chaque jour ; la brigue ne tarderait pas à y jouer le principal rôle, et conduirait bien vite au renversement de l'inamovibilité.

Est-il à supposer, en effet, qu'une majorité ardente, et dominée par l'esprit de parti, s'arrêterait devant cet obstacle, lorsqu'il s'agirait de briser toute résistance à ses désirs ou à ses rancunes. C'est alors qu'on obtiendrait de la magistrature des services et non des arrêts ; et que les fonctions judiciaires seraient le prix de la passion politique ou de la servilité.

Les considérations d'ordre public, qui ont fait attribuer à la couronne, en Angleterre, et au président, aux États-

Unis, la nomination et l'institution des juges, ne sont pas moins puissantes en France; et doivent faire remettre au chef du pouvoir exécutif, quelque titre qu'on lui donne, la désignation des magistrats. N'y a-t-il pas, néanmoins, des garanties à prendre pour assurer l'indépendance et un bon recrutement du corps judiciaire?

Le législateur de l'an VIII, dont l'œuvre n'a pas été assez respectée, devait, en réorganisant les tribunaux, avoir présent à la pensée le souvenir des grands corps judiciaires de l'ancienne monarchie. Il est évident, pour qui analyse son œuvre et les principes qui l'ont guidé, qu'il aurait voulu arriver à reconstituer les parlements, moins la vénalité des charges qui, une fois abolie, ne se pouvait rétablir. Il a cherché à faire renaître le prestige, et à relever la considération de la magistrature par tous les moyens extérieurs: Costume, solennité des débats, droit de préséance sur les fonctionnaires administratifs, honneurs publics; mais il a visé surtout à assurer, par un bon recrutement, l'autorité morale du corps de judicature, et à reconstituer des familles judiciaires où l'on se fit honneur, comme autrefois, de poursuivre la carrière de magistrat.

Ce fut, évidemment, l'objet que le Premier Consul se proposa d'atteindre par la création de l'auditorat.

Les auditeurs, auxquels la loi réservait le tiers des places dans chaque cour, et dans les tribunaux et conseils de préfecture du ressort, devaient avoir vingt et un ans révolus, et justifier d'un revenu ou d'une pension de 3,000 fr. et de deux années de stage. Ils étaient choisis sur une liste de candidatures, dressée par la cour, et triple des places à donner. A vingt-deux ans accomplis, ils pouvaient être chargés des enquêtes et des instructions et suppléer le ministère public; à vingt-sept ans, ils avaient voix délibérative dans toutes les affaires, prenaient rang et séance après les conseillers ou les juges, et pouvaient les suppléer. L'auditorat était donc un véritable noviciat de la carrière judiciaire, où l'on espérait voir entrer les fils de magistrats; et le but de l'institution fut nettement défini par

Treilhard, lors de la présentation de la loi du 20 avril 1810 :

« Dans les avenues du sanctuaire de la justice, disait-il, et sous les yeux des magistrats qui auront honoré leur état, se formera contre la perversité et la mauvaise foi, une milice destinée à combattre sans relâche, ces ennemis éternels de la société. Ils n'auront que voix consultative tant qu'ils n'auront pas encore atteint l'âge requis pour avoir voix délibérative ; leur inexpérience ne pourra pas alarmer, puisque leur avis ne concourra pas à la décision ; mais introduits dans le secret des délibérations, ils entendront des hommes instruits ; ils seront témoins de toutes les discussions ; ils verront sous combien de faces peut être envisagée une question, simple en apparence, au premier coup d'œil, et quelquefois très-compliquée en réalité ; ils apprendront à démêler les piéges, trop souvent tendus à la justice par l'astuce et par l'intérêt ; et lorsqu'enfin viendra le moment où leur voix comptera pour une décision, ils auront déjà acquis des titres à cette confiance, dont il est si nécessaire que le juge soit investi. »

Cette institution excellente disparut en 1830. La raison qu'on en donna, fut qu'il était contraire à l'esprit d'égalité de notre époque de mettre une condition de fortune à l'entrée d'une carrière, qui devait être ouverte à tous les citoyens ; mais comme on pouvait conserver l'institution, en supprimant l'obligation de justifier d'un certain revenu, il faut chercher ailleurs le véritable motif de la suppression de l'auditorat. — Ce motif était tout politique. On voulait faire table rase des titres que l'auditorat créait à une foule d'aspirants magistrats. Le régime nouveau voulait pouvoir s'appuyer sur un corps judiciaire dont il fût absolument sûr. Les nombreuses démissions, qui avaient été données dans les tribunaux et les cours ne lui auraient pas profité si les vacances avaient dû être remplies, en grande partie, par des auditeurs imbus des mêmes idées que les magistrats qui se retiraient. Il regardait comme nécessaire d'écarter tout ce qui pouvait se rattacher, par quelque lien, à la dynastie déchue; et il acquit ainsi le moyen de remplir de ses partisans le corps judiciaire, décimé par tant de retraites volontaires.

Depuis lors, l'expérience a montré combien l'absence de tout noviciat pour la magistrature avait d'inconvénients. Tous les esprits sérieux s'en sont préoccupés. Plusieurs tentatives ont été faites, pour assurer au corps judiciaire un meilleur recrutement. Elles ont toujours échoué, et, à moins qu'une volonté énergique ne l'impose, toute réforme de ce genre échouera, devant la résistance ouverte ou la force d'inertie du gouvernement, qui ne saurait voir de bon œil des efforts, dont le succès aurait pour résultat de restreindre singulièrement la liberté de ses choix, et de lui enlever la disposition absolue d'un très-grand nombre de places.

On n'a donc rien à attendre de l'initiative du gouvernement; et cependant les vices de notre organisation judiciaire sont évidents et appellent un remède. Le corps judiciaire est trop nombreux pour que, forcément, sa composition ne laisse pas beaucoup à désirer. Lorsqu'on songe que, sous l'ancienne monarchie, non-seulement avant les chemins de fer, mais avant la création des grandes routes, quinze parlements suffisaient à distribuer la justice à toute la France, et tenaient les affaires au courant, on est contraint d'admettre que le nombre des cours d'appel est trop considérable, et qu'il pourrait être aisément ramené de 25 à 18.

Il est évident qu'avec les facilités actuelles de communication, lorsque les chemins de fer mettent tant de tribunaux à une heure l'un de l'autre, cent cinquante tribunaux de première instance suffiraient à tous les besoins.

L'économie, obtenue par la suppression de deux cents tribunaux, devrait être consacrée toute entière à augmenter le traitement des juges conservés. Par là, on remédierait du même coup à deux des vices principaux de notre organisation judiciaire : la modicité ridicule, pour ne pas dire inconvenante, des émoluments de la magistrature, et la faiblesse incontestable de nos tribunaux, au point de vue de la science du droit et de la connaissance des affaires.

En Angleterre, où le nombre des juges ne s'élève pas, pour les trois royaumes, à cinquante, le traitement le plus faible dans la magistrature est de 2,500 livres (62,500 francs). Aussi n'est-il pas de jurisconsulte en renom, qui ne vise « à la robe de soie, » et qui n'envisage une place de juge comme le digne couronnement de la plus brillante carrière. Le corps judiciaire absorbe donc, tôt ou tard, tous les hommes qui arrivent à se faire une réputation dans la science du droit ; et l'éclat, qui en rejaillit sur lui, n'est pas sans un effet moral : il explique le respect profond qui entoure, en Angleterre, les arrêts de la justice. En France, au contraire, il n'est pas d'avocat un peu prisé, qui ne gagne quatre ou cinq fois autant que le juge devant lequel il plaide, et qui ne fît un sacrifice considérable, en consentant à quitter le barreau pour la magistrature. Il n'est pas besoin de chercher d'autre explication aux difficultés que présente, aujourd'hui, le recrutement du corps judiciaire, et à la faiblesse de nos tribunaux, faiblesse attestée par la progression rapide et constante du nombre des arrêts de première instance, cassés en appel.

Si les émoluments de la magistrature étaient plus convenables, la carrière judiciaire serait plus recherchée ; elle deviendrait un objet d'ambition, et l'accroissement du nombre des candidats permettrait aux choix de ne se fixer que sur des sujets d'élite.

En rétablissant l'auditorat, et en déterminant, par une loi, les conditions d'aptitude et d'instruction auxquelles les juges devraient satisfaire, on pourrait, sans inconvénient laisser au pouvoir exécutif la nomination des magistrats de première instance.

Pour les juridictions plus élevées, on devrait emprunter à la constitution belge un mode de recrutement, consacré par une expérience de plus de quarante ans, et qui, faisant concourir aux nominations le pouvoir exécutif et le pouvoir judiciaire, restreindrait les choix du gouvernement aux listes de candidatures, dressées par la magistrature elle-même.

Il conviendrait donc de laisser aux cours, comme en Belgique, la nomination de leur président et de leurs présidents de chambre. Quant aux vacances qui se produiraient, il faudrait substituer, aux présentations actuelles, la présentation directe par la cour, après discussion dans la chambre du conseil, et vote au scrutin secret. Aujourd'hui, le procureur général ne présente que les candidats qui lui sont désignés officieusement par la Chancellerie; et les présentations du premier président sont une pure formalité. Le premier président, d'ailleurs, est-il en situation de connaître les magistrats du ressort? Les conseillers, à qui les appels imposent l'étude des jugements de première instance, et que la direction des assises conduit dans tout le ressort, arrivent à connaître les membres des tribunaux aussi bien, sinon mieux, que le premier président. Ils ont donc tous les éléments nécessaires pour dresser, en connaissance de cause, et par un vote au scrutin secret, la liste des trois candidats, parmi lesquels le gouvernement devrait choisir le nouveau conseiller.

Pour la cour de cassation, le gouvernement choisirait sur deux listes de candidatures, dressées l'une par la cour elle-même, l'autre par le sénat.

Cette intervention du corps judiciaire dans son propre recrutement, en assurant des chances au mérite modeste, et en faisant à l'opinion publique une part d'influence dans les choix, ne pourrait manquer de donner à la magistrature un surcroit d'indépendance, et une considération qui ajouterait à son autorité morale. La participation du sénat, aux nominations à la cour suprême, est, en même temps, une garantie que si, en dehors de la magistrature proprement dite, dans le barreau, dans les assemblées, ou dans l'enseignement supérieur, il s'est produit un jurisconsulte éminent, une voie est ouverte et toute tracée, pour le conduire au siége auquel son mérite l'appelle.

Il n'est question, en tout ceci, que de la magistrature assise; car il est incontestable que la nomination de tous les membres du ministère public doit appartenir au Gouvernement.

En résumé :

Réduction dans le nombre des cours et des tribunaux;

Augmentation notable du traitement des magistrats de tout ordre;

Nomination directe par le gouvernement, sauf les conditions d'aptitude à déterminer, des juges de paix et des juges de première instance;

Intervention du corps judiciaire dans le recrutement des cours supérieures, par l'établissement des listes de candidatures, circonscrivant le choix du ministre de la justice;

Telles sont les principales réformes qu'il convient d'apporter, en France, à l'organisation du pouvoir judiciaire, pour mettre ce pouvoir à la hauteur de la mission qu'il est appelé à remplir.

XI

QU'AU POINT DE VUE DE LA LIBERTÉ DES CITOYENS, LA FORME DU GOUVERNEMENT EST INDIFFÉRENTE.

Le lecteur qui aura bien voulu nous suivre jusqu'ici, aura, peut-être, fait la remarque que rien, dans les considérations qui précèdent, ne s'applique plus particulièrement à un État monarchique ou à un État républicain. C'est qu'en effet l'existence des sociétés est soumise à des lois, aussi bien que celle du corps humain. L'homme ne saurait vivre, et atteindre la plénitude de son développement, s'il n'existe entre tous ses membres certaines proportions presqu'invariables, et si chaque organe ne peut fonctionner, sans entraver l'action d'aucun autre.

Il en est de même des nations civilisées qui croient ou veulent être libres. Ces organes essentiels de la vie sociale, qu'on appelle les pouvoirs publics, doivent, de toute nécessité, garder entr'eux une certaine corrélation, qu'on ne peut faire sensiblement varier sans détruire l'équilibre du corps social.

La mécanique politique a ses lois, comme la mécanique matérielle. Si cela est vrai, et s'il est possible de déterminer avec une certaine précision, sans se préoccuper de la forme du gouvernement, les attributions qu'il convient de conférer aux divers pouvoirs publics, c'est évidemment que la forme du gouvernement est, en elle-même, chose assez indifférente.

Autrement, elle primerait toutes les autres questions, et s'imposerait à l'examen. Loin qu'il en soit ainsi, il est évident que, pour tous les esprits réfléchis et sensés, la grande question est d'assurer la liberté des personnes et la sécurité des intérêts. Le seul moyen d'atteindre ce double but, est de pondérer le mieux possible l'action des pouvoirs publics, indispensables à toute société organisée, et de la régler de telle sorte, qu'il ne se produise dans l'État, aucune force prépondérante qui soit tentée d'abuser de sa puissance, et contre laquelle l'individu ne puisse trouver protection.

Or, la solution de cette question, qui est le véritable problème constitutionnel, est absolument indépendante de la forme du gouvernement. La liberté peut être assurée, et la tyrannie peut trouver place, dans tout gouvernement, quel qu'il soit.

C'est donc en méconnaissant la réalité des choses pour s'attacher à l'apparence, c'est en obéissant à ces habitudes de casuistique et de subtilité byzantine qui envahissent l'esprit français, qu'au lieu de juger les institutions en elles-mêmes, et d'après les résultats qu'elles donnent, au point de vue de la liberté des personnes et de la sécurité des intérêts, nous en sommes arrivés, en France, à accorder une importance excessive, à ce qui n'est qu'un point de détail dans l'organisation du pouvoir exécutif.

Quelle est, en effet, la seule différence essentielle entre un gouvernement républicain et un gouvernement monarchique ? Sinon que, dans l'un, l'exercice du pouvoir exécutif est temporaire et que, dans l'autre, il est viager ; que, dans l'un, c'est l'élection et, dans l'autre, l'hérédité qui détermine à qui sera confié l'exercice de ce pouvoir.

Or, cette origine, ou élective ou héréditaire, du pouvoir exécutif n'a aucune influence, ni sur son mode d'action ni sur l'étendue de ses prérogatives.

Dira-t-on que les talents et les vertus de l'homme, qui

est investi du pouvoir exécutif, ne peuvent manquer d'exercer une action considérable sur les destinées d'un pays; et que, à ce titre, l'élection qui permet au peuple de porter son choix sur le plus digne, offre plus de garanties que l'hérédité avec ses hasards? Cette opinion est fort spécieuse, et paraît avoir la logique pour elle; mais elle suppose une chose presque irréalisable : à savoir qu'on puisse trouver un mode d'élection qui ne donne prise à aucune critique; et les faits, dont le témoignage est supérieur à tous les arguments, sont loin de lui donner raison. Un savant allemand, Hegewish a écrit l'histoire du siècle des Antonins qu'il appelle, dans le titre même de son ouvrage : « l'époque la plus heureuse du genre » humain » et qui fut, assurément, la période la plus brillante de l'Empire romain. Le monde romain dût alors à l'hérédité, ou à l'adoption, des empereurs, tels que Titus, Nerva, Trajan, Antonin, Marc-Aurèle. Nulle part, l'élection n'a donné, dans une période aussi courte, une pareille succession de grands hommes.

L'histoire moderne nous montre les deux systèmes pratiqués parallèlement, pendant près de neuf siècles, chez deux nations voisines et de premier rang. La couronne royale de France était héréditaire, la couronne impériale d'Allemagne était élective. Que l'on compare ces deux longues listes de souverains, l'une fournie par l'hérédité et l'autre fournie par l'élection; et l'on verra laquelle comprend le plus de grands hommes, et le plus de princes vertueux. C'est l'hérédité qui a donné à la France des hommes de bien, tels que Saint-Louis, Charles V et Louis XII, et ces grands politiques qui s'appelaient Philippe-Auguste, François Ier, Henri IV et Louis XIV.

L'élection ne saurait donc être une garantie, que le pouvoir sera remis aux mains les plus dignes de l'exercer. Le jeu des passions humaines peut porter au faite des honneurs, autant d'hommes incapables ou dépravés, que le hasard de la naissance en peut faire monter sur un trône héréditaire. Mais, s'il n'y a, quant à la valeur personnelle de l'homme appelé à présider aux destinées du pays, aucun avantage spécial à attendre de la forme, soit monarchique, soit républicaine, du gouvernement, cette forme n'a-t-elle pas, du moins, une certaine influence sur la force du pouvoir exécutif, et sur le degré d'énergie de son action ? A défaut de garanties, quant au caractère des personnes, ne donne-t-elle pas quelque garantie quant à la nature de l'institution ? Ici encore, les faits se chargeront de répondre.

L'infatigable adversaire de Louis XIV, Guillaume d'Orange, n'était que le chef du pouvoir exécutif dans la république des Provinces-Unies. Toute son autorité dérivait de son élection, comme Stathouder, par les États généraux. En Angleterre, il n'était pas seulement le mari de la reine, il était véritablement le roi : un bill spécial du Parlement lui en avait donné le titre, et l'avait formellement investi de toutes les prérogatives de la royauté. Cependant, par allusion au despotisme qu'il exerçait d'un côté de la mer du Nord, et aux résistances opiniâtres qu'il rencontrait de l'autre, on l'appelait et lui-même se disait volontiers : roi de Hollande et Stathouder d'Angleterre. Son autorité trouvait en Angleterre, dans le Parlement, un contre-poids qu'elle ne rencontrait pas, en Hollande, dans les États généraux. Comme chef électif d'une république, il avait plus de puissance effective, et rencontrait moins d'obstacles à ses volontés, que comme souverain d'une monarchie héréditaire.

Si l'on voulait poursuivre ce raisonnement jusque dans le détail, ce serait une étude instructive que de comparer l'une à l'autre, la constitution républicaine de 1848, en France, et la constitution monarchique de 1831, en Belgique, et de mettre en parallèle l'organisation du pouvoir exécutif dans ces deux constitutions. Il ressortirait de cette comparaison que, sous certains rapports, et en raison même de sa responsabilité, le président de la république de 1848 avait une liberté d'action plus grande, et des pouvoirs plus étendus que le souverain de la Belgique. Où celui-ci est arrêté, soit par certaines stipulations constitutionnelles, soit par les lois organiques, le président de 1848 avait son libre arbitre. Il pouvait aggraver ou atténuer la rigueur des lois par des règlements d'administration publique. Toutes les grandes administrations relevaient de lui, et il en pouvait modifier l'organisation aussi bien que le personnel; beaucoup d'actes étaient de son ressort, qui sont interdits au roi des Belges; enfin, les nominations, remises à son choix, étaient beaucoup plus nombreuses et plus variées, et d'une importance bien plus considérable.

Lorsque Stuart Mill a écrit ces paroles remarquables : « Le grand mérite de la royauté anglaise est d'avoir habitué le peuple anglais à vivre en république, sans s'en apercevoir, » ce grand écrivain passait par dessus la question de forme, pour aller au fond des choses. Il entendait par république, par opposition à monarchie, le système de gouvernement dans lequel la volonté de la nation est la plus assurée de prévaloir, et qui laisse au pays l'influence la plus décisive sur ses propres destinées. Sous ce rapport, la monarchie anglaise répond beaucoup mieux à l'idéal des penseurs et des amis de la véritable liberté, qu'aucune des républiques qu'on ait encore vues fonctionner.

M. Thiers faisait observer, un jour, que la volonté de la nation arrive plus vite, et plus facilement, à se manifester et à se traduire en fait, dans une monarchie que dans une république :

Lorsqu'un grand mouvement, disait-il, se produit dans l'opinion publique, les assemblées en ressentent le contrecoup; et la majorité se déplace. Le ministère, qui est le dépositaire du pouvoir, se retire alors; et, sans secousse et sans brusque transition, un nouveau cabinet imprime à la politique nationale une direction nouvelle. Dans une république, au contraire, le chef du pouvoir exécutif peut avoir une politique personnelle; et s'il refuse d'en changer et de se séparer du cabinet qui a sa confiance, il faut, ou attendre l'expiration de ses pouvoirs, ou faire une révolution.

En effet, un président de république puise dans la responsabilité, qui pèse sur lui, le droit de revendiquer une pleine liberté d'action, dans les limites que la constitution assigne à ses pouvoirs.

Il ne peut être tenu d'abandonner aucun de ses droits, ni de faire le sacrifice d'aucune de ses opinions. Il peut toujours placer ses adversaires dans l'alternative, ou de le laisser suivre la politique qu'il a adoptée, ou de le mettre en accusation. Or, comme toutes les constitutions subordonnent, avec juste raison, la mise en accusation du chef du gouvernement à une procédure compliquée, et comme une mesure aussi grave ne peut être réclamée que pour des crimes spécifiés par la loi, et non pour des erreurs ou des fautes politiques, un président énergique et résolu, qui revendique hardiment la responsabilité de ses actes, exerce sur les affaires une influence plus directe, et jouit d'une autorité plus considérable qu'aucun monarque européen.

C'est ainsi qu'on a vu, à diverses reprises, les présidents des États-Unis, ne prenant conseil que de leurs opinions personnelles, faire des actes d'autorité qu'aucun souverain constitutionnel n'oserait se permettre. Le président Jackson brisa la Banque des États-Unis contre la volonté formelle des deux chambres du Congrès, et, on peut le dire, contre le vœu de tous les citoyens sensés. Pour satisfaire une rancune électorale, il ne craignit pas de précipiter son pays dans une crise financière effroyable. Quelques années plus tard, le président Tyler, en frappant de son veto une loi votée par les deux chambres, empêchait définitivement la reconstitution de la Banque fédérale. Son successeur, le président Polk, par dévouement aux intérêts des propriétaires d'esclaves, et contre le vœu de la grande majorité du peuple américain, jeta les États-Unis dans une guerre contre le Mexique, et accomplit cette annexion violente du Texas si éloquemment flétrie par Channing.

Lorsque la guerre civile fut terminée, et que le dernier soldat confédéré eût déposé les armes, le président André Johnson, originaire d'un État où l'esclavage avait longtemps dominé, voulut adopter une politique de clémence et de réconciliation. C'était une pensée digne d'éloge, et rien n'était plus propre à panser rapidement les plaies de l'Union américaine, que le rétablissement de la concorde entre tous ses enfants. Malheureusement, André Johnson, bien qu'arrivé par l'élection à la plus haute dignité de son pays, ne se recommandait par aucune des qualités personnelles qui donnent l'autorité morale. Les lacunes de son éducation et la grossièreté de ses habitudes l'avaient déconsidéré. Il se heurtait à des passions implacables, et à des désirs de vengeance, dont il eût été malaisé d'amortir l'ardeur, même avec beaucoup de prudence et d'habileté, et en ralliant autour de soi tous les esprits modérés. André Johnson n'apportait dans cette lutte difficile que sa bonne volonté. Néanmoins, pour l'empêcher de faire prévaloir la politique qu'il avait adoptée, il fallut que ses adversaires, qui disposaient de la majorité dans les deux chambres, recourussent à de véritables coups d'État parlementaires. Ils furent contraints de toucher à la constitution, et de dépouiller le président d'une partie de ses prérogatives. Ces modifications, apportées à la constitution fédérale par de simples lois, n'ont pas été reconnues valables par la Cour suprême des États-Unis, qui juge de la conformité des lois avec le pacte constitutionnel. La mutilation des prérogatives présidentielles n'a donc été que momentanée; mais elle suffit à prouver à quelles mesures extrêmes, il avait fallu recourir, pour opposer un obstacle efficace à l'action personnelle du chef du pouvoir exécutif.

Ces exemples, qu'il serait facile de multiplier, nous paraissent suffire à démontrer que la forme républicaine n'implique pas, à un plus haut degré que la forme monarchique, une limitation de l'action du pouvoir exécutif; et qu'elle ne réussit pas davantage à assurer, par sa vertu propre, la prépondérance de la volonté nationale.

On ne saurait dire, davantage, qu'elle procure une plus grande somme de liberté aux particuliers, et une plus grande sécurité aux intérêts. Il est superflu de rappeler, ici, les républiques de la Grèce, dont les plus grands citoyens mouraient dans l'exil ou par la ciguë, ni la république de Venise avec ses plombs et ses exécutions sommaires, ni les autres républiques italiennes avec leurs révolutions périodiques. Tout le monde reconnaîtra que les républiques de l'Amérique espagnole présentent un spectacle peu encourageant, et peu propre à provoquer l'imitation. Si l'on objecte que les États-Unis, et surtout la Suisse, nous offrent des sociétés mieux ordonnées, où les institutions fonctionnent avec régularité ; on peut répondre, d'un autre côté, que les citoyens de ces deux pays ne jouissent d'aucune liberté et d'aucune garantie politique ou civile, qu'on ne rencontre, à un égal degré, en Angleterre, en Belgique et en Hollande.

Il importe donc assez peu que la forme d'un État soit monarchique ou républicaine, puisque les deux formes peuvent donner, en bien comme en mal, exactement les mêmes résultats.

Quelle que soit la forme adoptée dans un pays, les traits essentiels de son organisation politique ne varieront pas. Partout, les attributions du pouvoir exécutif seront sensiblement les mêmes. Partout, on devra opposer les mêmes barrières aux tendances envahissantes, et à l'omnipotence du pouvoir législatif. Partout, l'indépendance du pouvoir judicaire sera une nécessité. On pourra relever, d'un pays à un autre, des différences de détail qui ne toucheront point au fond des choses. Partout, la similitude des problèmes appelle la similitude des solutions.

Lors donc que les Français se déchirent entr'eux, et se livrent des luttes sanglantes, pour décider si le chef du pouvoir exécutif portera le titre de roi, de président ou d'empereur, et lorsqu'ils n'hésitent pas à sacrifier, à une pareille question, le repos et la grandeur de leur pays, ils rappellent douloureusement à l'observateur les querelles, aussi futiles qu'acharnées, des Grecs du bas Empire : seulement, ce n'est plus à la théologie, c'est à la casuistique politique que les modernes Byzantins appliquent cet esprit de subtilité, cette fièvre de dialectique, cette habitude de subordonner les grandes choses aux petites, et cette animosité implacable, qui comptent parmi les caractères des races en décadence.

Ce qui importe, en politique, ce n'est pas l'étiquette du gouvernement ; ce sont les résultats qu'il donne. Le seul but que doivent poursuivre les esprits sérieux, c'est d'assurer dans le mécanisme gouvernemental, le dernier mot au pays qui, seul, dispose valablement de ses destinées. C'est ensuite d'équilibrer les pouvoirs de telle sorte qu'ils fonctionnent sans secousse et sans collision ; c'est enfin, d'entourer la liberté individuelle de garanties permanentes, et telles qu'aucun des pouvoirs publics, quelque impétueux que soient les courants qui l'entraînent, ne puisse faire violence à un seul citoyen.

Nous serions demeurés fort au-dessous de la tâche que nous nous étions proposée, si nous n'avions pas démontré que la liberté peut avoir autant à craindre des passions d'un corps délibérant, que des entreprises d'un ambitieux.

Les assemblées sont sujettes à des entraînements, aussi bien que les gouvernements ; et leurs violences sont d'autant plus redoutables qu'étant impersonnelles, elles emportent rarement une responsabilité.

Equilibrer l'action des pouvoirs publics, de telle sorte qu'ils se contiennent et se modèrent réciproquement sans se paralyser, et assurer la liberté par l'ordre : Telle est la tâche qui s'impose, aujourd'hui, au législateur.

Cette étude n'aura pas été, peut-être, inutile, si elle a déterminé quelques-unes des conditions à remplir, pour résoudre ce problème délicat.

XII

DU MAL MORAL

Il est des tâches pour lesquelles la sagesse humaine est impuissante. C'est en vain que le législateur s'éclairera de l'expérience du passé, qu'il ne négligera aucun des enseignements de l'histoire, et qu'il s'épuisera en combinaisons habiles, pour élever l'édifice législatif le mieux ordonné : il n'arrivera point à donner à son œuvre la stabilité nécessaire ; il n'assurera pas le repos et la liberté de son pays, s'il ne trouve, dans les mœurs publiques, le point d'appui indispensable.

La législation la plus imparfaite suffit à assurer l'ordre dans une société, et satisfait aux principales exigences d'un gouvernement régulier, si les mœurs publiques sont intactes, si le sentiment du devoir est enraciné dans les âmes, et si le respect de la loi ne s'est pas affaibli.

Le dernier siècle a vu le peuple américain soutenir, sans faiblir un seul instant, une guerre de dix années contre sa métropole, ne se laisser abattre par aucune défaite, et sortir victorieux de la lutte. Ses institutions étaient alors ce qu'on peut imaginer de plus rudimentaire. Chaque Etat s'était donné à la hâte une constitution d'emprunt : quant au Gouvernement fédéral, improvisé au début de la lutte, mal défini, souvent contesté, il n'avait, pour se faire obéir, que l'autorité morale, et la ferme résolution des Américains de faire triompher leur droit. Cependant, ce gouvernement suffit à sa tâche : il se fit respecter; il maintint l'ordre; et, malgré de nombreux revers, malgré la pénurie d'argent, l'interruption de tout commerce, et presque la famine, il arracha à l'Angleterre la reconnaissance de l'indépendance américaine.

Les mœurs publiques et le patriotisme suppléèrent à l'insuffisance des lois. On ne saurait, à cet égard, invoquer de témoignage plus formel, que celui du doyen des radicaux dans le parlement anglais, le célèbre député de Sheffield, Roebuck. En combattant, au sein d'une réunion d'ouvriers, l'opinion qui veut séparer l'enseignement religieux de l'instruction primaire, le vieil athlète de la démocratie anglaise s'écriait, il y a peu de jours :

« Vous voulez qu'il n'y ait plus de Bibles dans les mains des enfants du peuple ; autant dire que vous voulez leur enlever toute force dans le présent et toute espérance dans l'avenir. Vraiment, la diminution et surtout l'abolition de l'*income tax* me touchent. Le sucre à bon marché, la transmission de la propriété plus rapide, la réforme judiciaire, la restriction des priviléges nobiliaires ne me laissent pas indifférent ; mais que m'importent ces réformes financières ou politiques, si, en même temps, vous rendez le travailleur anglais semblable à ces masses dégradées du continent, qui ne connaissent plus que l'égalité dans la misère, dans la servitude et dans la négation de tout avenir.....

« Lorsque vos pères ont banni la tyrannie de ces rivages, lorsqu'ils ont fondé, en Amérique, cette république qui fait l'orgueil de la race anglo-saxonne, ils n'avaient pas seulement, à leur côté, le glaive qui frappe, ils avaient aussi la foi qui console, la Bible qui nourrit les âmes, la confiance dans le Christ libérateur. »

Rien, en effet, ne saurait remplacer ce ciment moral, qui fait d'une nation une société vivante, et non une agglomération d'individus. Les lois auront beau être parfaites ; et c'est en vain que le législateur aura cherché à concilier tous les intérêts, et à satisfaire tous les droits; si les passions politiques sont assez puissantes et assez écoutées pour faire taire la voix du patriotisme et de l'honneur. Lorsque l'esprit de faction en arrive à dominer toute autre préoccupation, lorsque les ambitions privées sont assez ardentes et assez encouragées pour faire litière de toute obligation, lorsque chacun peut poursuivre impunément, aux dépens du bien public, la satisfaction de ses haines ou de ses convoitises, il ne peut plus y avoir chez une nation, rongée par une telle gangrène morale, ni ordre, ni repos, ni stabilité.

Une société, ainsi troublée dans les conditions essentielles de son existence, et ne trouvant plus, à l'abri de ses institutions, la sécurité qui est son plus impérieux besoin, cherche dans le pouvoir, qui est à sa tête, une protection pour ses intérêts. Elle est conduite, par une tendance irrésistible, à exagérer les moyens d'action du pouvoir exécutif, comme autant de garanties du maintien de l'ordre matériel, et elle se jette dans les bras du despotisme.

Mais c'est en vain, qu'elle aura prodigué tous les pouvoirs au gouvernement, et qu'elle aura dépouillé les citoyens de ces prérogatives et de ces libertés qui sont l'honneur et la vie même d'une nation civilisée. Le gouvernement aura beau être fort et vigilant; s'il est continuellement battu en brèche, s'il a à soutenir une lutte de tous les instants, contre des ennemis infatigables qui le guettent sans relâche, et ne reculent devant aucun moyen, il finira par avoir une heure de défaillance; et cela suffira pour déterminer sa chute. Le gouvernement qui le remplacera, traqué à son tour par ses alliés de la veille, devenus ses ennemis le lendemain, sera plus faible encore; il succombera par les mêmes causes, et de révolution en révolution, l'instabilité du gouvernement deviendra l'état normal.

Ne craignons donc pas de signaler le mal où il est, et

de rendre hommage à la vérité. Rien ne peut suppléer, au sein d'une société humaine, la notion de Dieu, et le sentiment du devoir qui en est le corollaire. L'homme ne peut se créer une règle à lui-même : il faut que cette règle s'impose à son esprit et à sa conscience. Or, de nos obligations envers la divinité, découlent naturellement nos obligations envers la patrie : le respect de la loi divine comprend et implique le respect de toutes les lois. L'ordre social se trouve ainsi garanti par une force, autrement puissante et irrésistible que la force matérièlle. Cette voix intérieure qui parle à toute créature humaine, est plus éloquente que tous les discours, plus persuasive que tous les conseils, plus impérieuse que tous les décrets ; et l'obéissance spontanée qu'obtient la loi, honore le citoyen, autant qu'elle consolide la paix publique.

On ne saurait donc se dissimuler le mal profond, et peut-être incurable, de la société française. Aucune des constitutions qu'elle édifie ne peut tenir debout, et ne subsiste, l'espace d'une génération, parce qu'il y manque ce ciment indispensable de la foi. Sous l'effort d'une prédication incessante, l'idée de Dieu va s'oblitérant, et s'effaçant de plus en plus, au sein des masses : elle persiste dans un petit nombre d'esprits, mais à l'état d'opinion philosophique, et dépourvue de sanction ; presque nulle part, ne se retrouve la foi vivante, celle qui se traduit en devoirs et en œuvres. Nous voyons, au contraire, les masses chercher, dans un matérialisme grossier, une dispense des obligations les plus rigoureuses, sans excepter celles de la famille. Invoquez donc le nom de la patrie ou l'autorité de la loi, quand la voix du sang est muette, ou n'est pas écoutée !

Aussi, sommes-nous loin des jours, où toutes les filles de France se croyaient obligées de filer pour la rançon de Duguesclin, où Bayard, vaincu et blessé à mort, puisait dans sa foi la force d'âme qui le mettait au-dessus de son vainqueur !

Dieu banni de la société, qui parlera à l'homme de ses devoirs envers les autres et envers lui-même ? Quel frein s'imposera à son esprit, et contiendra les emportements de son cœur ? La nation, désagrégée, n'est plus qu'un assemblage d'individus, tout entiers à leurs passions personnelles, uniquement préoccupés de leurs droits, qui sont la seule chose dont on les entretienne, rejetant ou méconnaissant toute obligation, et lancés éperdument à la poursuite de l'égalité, telle que l'entendent la concupiscence et l'envie. N'est-ce pas là la situation de notre France, où les sectaires politiques exploitent, avec une infatigable ardeur, la passion d'égalité dont les masses sont possédées, et la tournent, à l'aide des sophismes d'une fausse économie, contre tout gouvernement et contre la société elle-même?

Direz-vous qu'il est possible de remédier au mal, en répandant dans le peuple, des notions plus saines et plus justes sur les lois fondamentales de la production? Direz-vous qu'on apaisera, et qu'on désarmera les animosités sociales, en jetant une plus vive lumière sur les rapports nécessaires du capital et du travail, et en faisant ressortir l'étroite union de ces deux intérêts, qui ne sont en opposition qu'aux yeux de l'ignorance et de l'envie ? Ce serait une grande illusion. Ni les progrès de l'instruction, ni les efforts des gens bien intentionnés, ni les lois les plus équitables et les mieux faites, ne guériront cette passion maladive d'une égalité mal comprise. Il y faut d'autres enseignements, et une autre prédication, que celle des docteurs et des philanthropes.

Ramenez dans les âmes la croyance en Dieu ; faites renaître, au sein des masses, la foi en l'éternelle harmonie du sacrifice et de la récompense ; apprenez-leur à porter, de nouveau, leurs regards au delà et au-dessus de cette terre : alors, les esprits les plus aigris accepteront les devoirs de cette vie : ils en envisageront les douleurs comme une épreuve passagère, gage d'une compensation éternelle. Ils seront moins impatients des inégalités de ce monde, s'ils croient que la mort, loin de tout terminer, est un premier pas vers la réparation dûe aux souffrances imméritées; et s'ils entrevoient, par delà le tombeau, la véritable et définitive égalité, le jugement de chacun suivant ses œuvres.

FIN

TABLE DES MATIÈRES

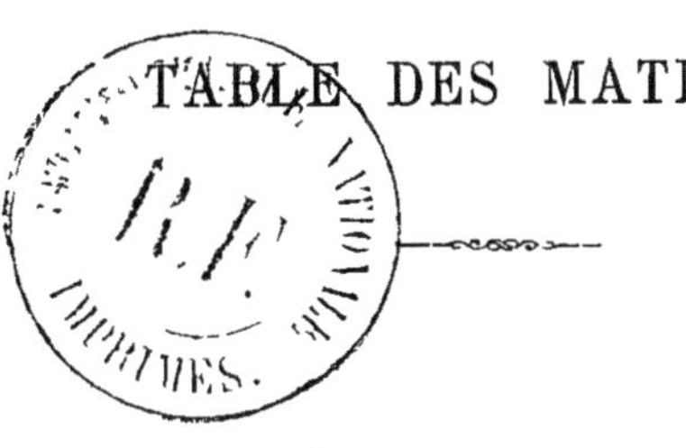

2136. — Boulogne (Seine). — Imprimerie JULES BOYER et Cie.

www.ingramcontent.com/pod-product-compliance
Ingram Content Group UK Ltd.
Pitfield, Milton Keynes, MK11 3LW, UK
UKHW021119220726
13924UKWH00004B/1805